사유하다 * 언어 * 고요한 * 삼키다 * 무거운 * 고향 * 삭제하다 * 창건 * 부유하다 * 중첩되다 * 입 * 정적 * 틀 * 존재하다 * 지층 * 부족한 * 모 * 고향한 * 들다 * 흔들리는 * 받아쓰다 * 돌 * 무너진 * 듣다 * 되돌려주 * 몸 * 머금고있다 * 응시하다 * 무정한 * 적 * 비워지다 * 정적 * 고립된 * 사물 * 만지다 * 숨 * 눈 * 틀 * 돌 * 밤 * 주유소 * 애틋한 * 유사하다 * 구 * 깨지다 * 수없는 * 유폐된 * 피해자 * 사지자다 * 모호하다 * 줄간 * 환대하다 * 연결 * 소실된 * 목적 * 틀리다 * 물들이 * 순간 * 통경 * 미지 * 건드림 * 방문

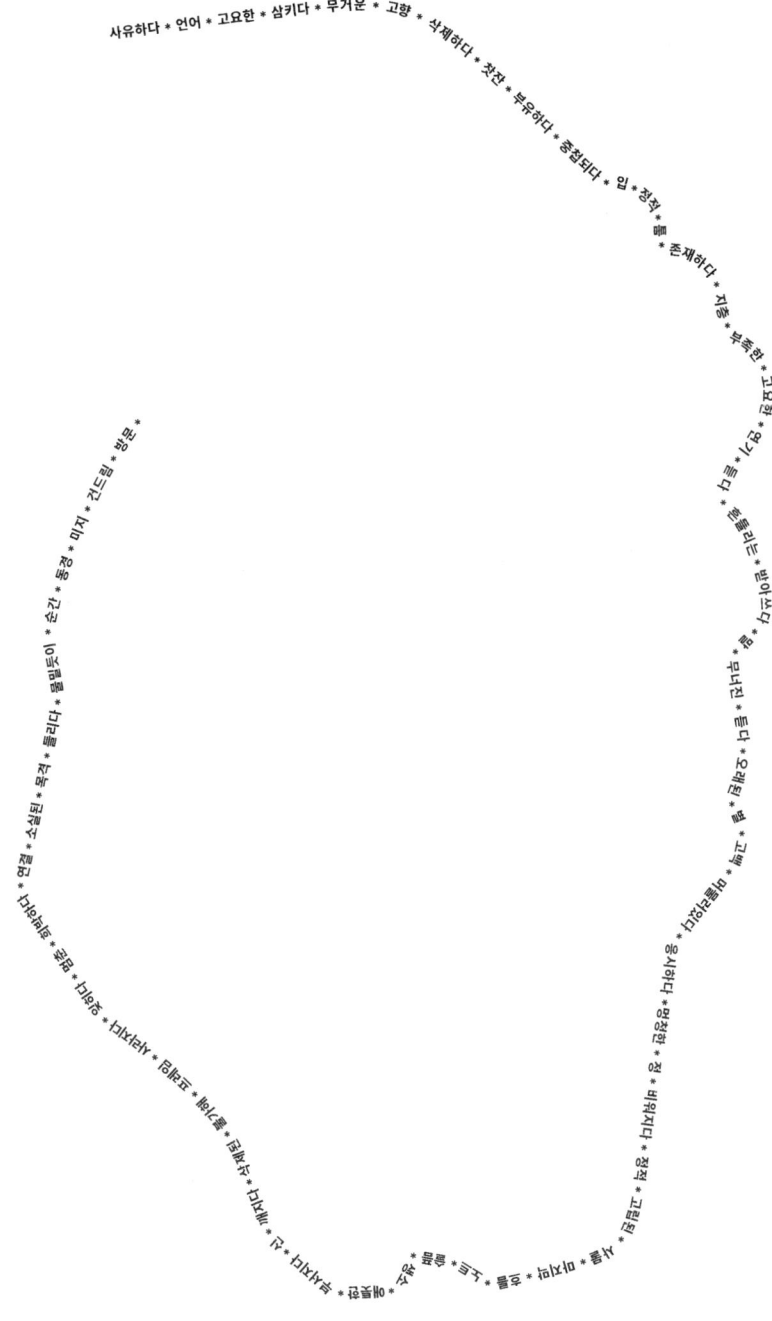

사유
노트

마음에게 물었으나 시가 대신 얘기해준 것들   김언   아침달

차례

여는 시

슬픔에서 자동차를 빼라   9

1부
기댈 곳 없이 쓰는 시는 없다

그 겨울에서 겨울까지 짧은 기록 몇 개   15
그 겨울에서 겨울까지 짧은 기록 몇 개 2   22
그 겨울에서 겨울까지 짧은 기록 몇 개 3   40
마음에게 물었으나 시가 대신 얘기해준 것들   50
내 마음이 어떤 마음인가요?   57

내가 마지막으로 보는 것들	60
쓰고 있는 것들, 쓰고자 하는 것들	66
나 없는 세상에서 글쓰기	69
제발 그쳐줘, 내가 말하는 것을	82
색깔 있는 말	84
빨강의 말	86
검은색 진정	89

2부
잠시 어떤 장면을 통과했다

결정적인 순간	97
프레임 없는 전쟁	104
의미 없는 순간	108
배역 없이 말하기	112
자화상 몰두하기, 실패하기	115
벽에 부딪혀서 울고 있는 사람	122
관계투성이다	127
비인간 찾기	130
가장 없어 보이는 말	136
자꾸 보이는 존재	141

3부
오늘은 무얼 쓸까?

요동과 흔들림	147
고립이 문제다	149
집이 그토록 원했던 것	154
우리 집의 기억, 2011	156
고향은 멀다	159
아버지와 세발자전거	162
장래 희망	165
내 내장이 원하는 것	170
가위가 눈에 들어온다	173
지붕 단상	176
구름을 본다	185
이 조용함이 얼마나 지속될까?	188
엄청나게 비가 쏟아진다, 마지막이에요	191
누가 말하고 누구에게 말하는가, 사이에 빠진 말들	194

남기는 말

시를 쓰기 전에, 꿈틀거리는 노트가 있었다	199

여는 시
슬픔에서 자동차를 빼라

슬픔에서 자동차를 빼라.
자동차에서 당신의 웃음을 빼라.
울음을 빼도 좋다.
자동차는 그대로 남는다.
웃음이 빠진 자동차로
혹은 울음이 빠진 자동차로
슬픔은 이제 자동차 없이 간다.
슬픔은 이제 자동차 없이도
멀리까지 갈 수 있다.
자동차로 갈 수 있는 거리만 빼면
어디든지 갈 수 있다.
슬픔에서 자동차를 빼고 비행기를 더하라.
그러면 비행기도 슬픔을 묻힌 채 날아간다.
공항에서 우는 사람들
공항 밖에서도 하늘을 떠가는 비행기를 보며
우는 사람들. 우는 사람들은
기차역에도 있고 대합실에도 있다.
승강장에도 있고 승강장을 벗어나
대합실을 빠져나와 기차역 밖에도

우는 사람으로 있다. 웃는 사람이 있듯이
있다. 이제 기차에서 슬픔을 빼라.
비행기에서도 슬픔을 빼라.
슬픔은 날아간다. 비행기만 빼고 날아간다.
슬픔은 달려간다. 기차만 놔둔 채 달려가는
기차는 슬픔이다. 기차가 아니라 슬픔이다.
어디서 무엇을 빼든 슬픔이다.
슬픔은 빼라고 슬픔인가?
무엇이든 빼라고 슬픔인가?
슬픔은 빠지면서 간다. 빛도 빠지면서 간다.
슬픔이 빠진 빛. 슬픔도 기쁨도 행복도 불행도
분노도 좌절도 모두 빠진 채 달려가는 빛.
날아서도 가는 빛.
빛은 간다.
슬픔이 저 혼자 가듯이.
이제 사람만 빼고 가면 될 것 같다.
나라는 사람.
나라는 슬픔.
나라는 자동차.
나라는 거리의 무엇.
또 무엇이 있어 나는 걸어가는가.
자동차 안에 실려서도 가는가.
버스 안에서도 지하철 안에서도
혼자 슬픈 사람이 있으면

안 보인다.
슬픔은 안 보이라고 있다.
슬픔은 없는 것처럼 앉아서 있다.
앉아서 울고 있다. 정말 안 보인다.

기댈 곳 없이 쓰는 시는 없다

1부

내면의 어떤 상태를

바깥의 어떤 대상에 기대어 표현하는 것,

어쩌면 모든 예술의 시작이자

시의 시작일지도 모르는 그것.

그 겨울에서 겨울까지 짧은 기록 몇 개

-창작강의노트

천천히, 천천히, 재빠르게

시는 한 줄에서 시작합니다. 단어든 구절이든 문장이든 한 줄이 나오고 나서야 시는 시작합니다. 아무리 긴 시도 이 한 줄에서 시작하여 한 줄로 끝납니다. 겨우 한 줄로 된 시까지 포함하여 모든 시는, 처음에 나오는 한 줄을 기준으로 서로 다른 시간을 거느립니다. 한 줄이 나오기 전의 시간과 한 줄이 나오고 난 이후의 시간. 한 줄을 쓰기 전의 시간과 한 줄을 쓰고 난 후의 시간. 한 줄을 중심으로 갈라지는 저 두 시간은 성격이 많이 다릅니다. 많이 달라야 합니다. 전자는 최대한 천천히 흘러야 하는 시간입니다. 최대한 더디 가야 하는 시간이기도 합니다. 한 줄이 나오기 전까지 시가 될 수 있는 생각들이 한없이 더디 가는 시간 속에서 익어가야 합니다. 반면에 한 줄이 나오고 난 후의 시간은 쏜살과도 같습니다. 쏜살같이 흘러가야 하는 시간이 한 줄 이후의 시간이라면, 여기서는 다른 것을 생각할 틈이 없습니다. 거의 받아쓰기 하듯이 한 줄 한 줄을 채워나가야 합니다. 한 줄을 중심으로 이토록 다른 시간을 거느리는 시는 그래서 'slowly slowly but quickly'의 장르라고 할 수 있습니다. 천천히 천천히 그러나 어느 순간 재빠르게 써나가야 하는 글쓰기인 것입니다.

시작노트가 필요한 이유

아무리 퇴고해도 소용없는 시가 있습니다. 아무리 많은 시간과 공을 들여도 나아지기는커녕 더 망쳐지기만 하는 시가 있습니다. 이런 시는 퇴고하면 할수록 시도 좋아지지 않고 시 쓰는 실력이 길러지는 것도 아니고 오히려 시 쓰는 재미만 뚝뚝 떨어뜨립니다. 두세 번 퇴고하고서도 나아지지 않는 시라면, 과감하게 버리십시오.

우리에게는 퇴고가 불가능한 시만 있는 게 아닙니다. 퇴고가 가능한 시도 얼마든지 있습니다. 한두 번의 퇴고로 더 좋은 시가 되는 경우도 얼마든지 있습니다. 한발 더 나아가 퇴고 자체가 불필요할 정도로 초고 때부터 완결된 채로 나오는 시도 있습니다. 그럼 어떻게 이런 시를 쓸 수 있을까요? 어떻게 하면, 퇴고가 가능하거나 퇴고 자체가 불필요한 시들을 더 많이 써낼 수 있는 걸까요? 방법을 논하자면 한두 가지가 아니겠지만, 그중에서도 한 가지만 짚어보자면, 바로 시 쓰기 전에 예열 단계를 두텁게 하는 일입니다. 한 편의 시가 초고 때부터 조금 더 숙성된 상태로 나올 수 있도록 예열 단계를 충실히 거치는 과정이 필요하다는 말입니다. 본격적인 시 쓰기의 예비 단계이자 숙성된 초고를 위한 예열 과정으로서 우리가 해야 할 것이 몇 가지 있습니다. 그중에서도 한 가지만 다시 짚어보자면, 바로 시작노트를 써보는 것입니다.

그럼 시작노트는 어떻게 쓰는 것일까요? 본격적인 시 쓰기에 들어가기에 앞서, 언제 어떻게 무엇을 염두에 두며 시작노트를 써야 하는지 이런 질문이 남습니다. 어렵게 생각할 필요 없이 우선은 자신의 평소 관심사에 닿는 일, 혹은 문득 인상적으로 들어온 어떤 장면이나 사물에 대해서 생각나는 대로 더듬듯이 한번 써보는 것입니다. 쉽게 말해 시가 될 것 같은 어떤 얘깃거리에 대해 곧바로 시를 쓰기 전에 가벼운 마음으로 말해보는 것입니다. 말하듯이 한번 써보는 것입니다. 메모하듯이 낙서하듯이 한 줄씩 자유롭게 써보는 시간이 필요합니다. 형식은 자유입니다. 딱 한 가지 시를 쓴다는 생각, 시로 써낼 글이라는 생각만 버리면 됩니다. 대상에 대해서 무엇이든 좋습니다. 일단은 생각나는 대로, 마음이 가는 대로 써보는 시간이 필요합니다.

어떤 사물에 정을 붙일까?
그는 사물을 오래 본다. 답답할 정도로 오래 본다. 오래 들여다보고 오래 생각하고 오래 더듬는다. 낯선 사물이 익숙한 사물이 되어가고 익숙한 사물이 다 아는 사물이 되어가고, 그래서 더 새로울 것도 없는 사물조차 다시 들여다보면서 처음 보는 사물처럼 다시 대하는 것. 그는 사물 하나에서 낯선 것과 익숙한 것과 새로운 것과 오래된 것을 한꺼번에 본다. 가장 잘 아는 사물과 가장 잘 모르겠는 사물이 하나의 상처럼 겹칠 때 거기서 새삼 발견되는 것은 가장 먼 곳의 나의 모습이거나 가장 가까운 곳의 남일 것이다. 낯선 사물에 정을 붙이는 일과 익숙한 사물을 매번 새로 고쳐서 보는 일은 정반대의 일 같지만 사실상 한가지 일이다. 둘 다 나를 확인하는 일. 나와 다름없는 남을 다시 보는 일. 거기서 시작하는 시의 말을 다시 보고 다시 생각하는 일. 낯선 사물에 정을 붙이면서 매번 다시 들여다보는 그 사물이 더는 남처럼 보이지 않을 때, 거기서 발견되는 것은 나와 다름 없는 남의 말이면서 시의 말이다. 요컨대 시는 남의 말이다. 사물의 말이면서 끝내는 나의 말이 되기까지 기다리는 말이다.

그렇다면 남는 질문은 이런 것이다. 과연 어떤 사물에 정을 붙일 것인가? 어떤 사물에 정을 붙이는 동시에 매번 다시 들여다볼 것인가? 그런 사물을 찾아가는 과정 자체가 하나의 훈련이면서 시작詩作의 일부다. 정을 붙이는 동시에 매번 다시 들여다볼 만큼 가까운 사물 하나를 발견하는 시간과 더듬어 보는 시간, 거기에서 발생하는 말을 따라가는 시간이 어쩌면 시의 시간이지 않을까. 시를 써나가는 와중에 잊어서는 안 되는 친구로서 사물 하나의 매력과 가치를 발견하는 시간을 소중히 여기는 마음이 또 시를 쓰게 하는 마음이지 않을까.

대상을 살려야 시가 산다

시를 말하면서 빼놓을 수 없는 것이 나이고, 언어이고, 그리고 대상입니다. 내가 있고 언어가 있어야 시가 탄생할 수 있는 것과 마찬가지로, 대상이 있어야 시가 써질 수 있습니다. 대상 없는 시가 있다면, 대상 없는 자리에 대상 없음을 말하는 나라도 혹은 언어라도 들어가서 대상 역할을 합니다. 따라서 대상 없는 시는 사실상 없다고 봐야 할 것입니다. 대상이 있어야 시가 가능해지고 시 쓰기가 가능해진다면, 남는 문제는 또 이런 것입니다.

과연 어떤 대상이 시가 될 수 있는가? 어떤 대상이 어떤 과정을 거쳐서 시에 들어올 수 있는가? 대상 없음을 말하는 것(나/언어)조차 시의 대상이 될 수 있다면, 시의 대상이 되지 못할 것 역시 없다고 봐도 무방합니다. 무엇이든 시의 대상이 될 수 있습니다. 무엇이든 시의 대상이 될 수 있는데, 아무것이나 시의 대상이 되지 않는 것도 우리는 잘 알고 있습니다. 아무것이나 아무렇게나 말한다고 해서 시의 대상이 되지 않는다는 것을 잘 안다면, 우리는 그럼 무엇을 어떻게 말해야 할까요?

무엇이든 좋습니다. 다만 그것이 온전히 시의 대상이 될 때까지 기다리는 시간과 연습이 필요합니다. 인정하기 싫지만 우리는 너무 이르게, 너무 손쉽게, 너무 섣부르게 시의 대상을 구하고 또 말하고자 합니다. 대상은 그렇게 함부로 자신을 내어주지 않습니다. 대상은 그것이 무엇이든 나의 시에 들어오기 위해서 고유한 숙성의 시간을 반드시 거쳐야 하고 거칠 수밖에 없습니다. 대상에 숙성의 시간을 부여하는 것은 대상이 아니라 대상을 보는 나입니다. 대상은 숙성의 시간을 모릅니다. 숙성된 시간만을 보여줄 뿐입니다. 숙성된 시간은 나의 인내에서 나옵니다. 나의 고집에서도 나옵니다. 나의 고통에서도 나오는 것, 그것이 숙성의 시간이며, 숙성된 시간을 거친 대상은 그래서 거의 나와 다를 바 없는 위치로 격상됩니다. 나와 다를 바 없는 신세로 전락해도 좋습니다. 대상을 말하면서 내가 말해지는 단계까지 진입한 대상만이 시에 들어올 수 있는, 아니 시가 될 수 있는 자격을 갖춥니다.

다시 말하지만, 대상 없이 시는 써지지 않습니다. 아무 대상이나 시가 되는 것도 아닙니다. 어떤 대상이든 지긋이 바라보고 숙고하는 시간, 지겹도록 숙성이 되는 시간을 통과해야만 시에 들어올 수 있습니다. 시가 될 수 있습니다. 어떤 대상이든 지긋이 바라보고 숙고하는 방식 중 하나로 연작시를 떠올려봅니다. 연작하는 과정을 거치면서 대상은 조금씩 조금씩 나의 시에 걸맞은 대상으로 변모합니다. 나의 시를 살려주는 대상으로 변신합니다. 나의 시가 나의 시답게 말해지는 순간을 목격하기 위해서라도 연작시를 한 번쯤 써볼 필요가 있습니다. 연작의 경험이 나의 시를 구원하는 순간을 맛보기 위해서라도 일부러 대상 하나를 정하고 그 대상에 대해 소박하게든 비딱하게든 솔직하게든 거짓으로든 계속 판을 바꿔가며 말하는 연습이 필요합니다. 같은 대상에 대해 버전을 달리하며 시를 써보는 시간이 꼭 필요합니다. 시 쓰기는 그런 점에서 대상에 접근하는 자기만의 방식을 익히는 시간과 다르지 않습니다. 시에서 어떤 대상을 어떻게 살리느냐는 궁극적으로 나의 시를 살리는 과정입니다. 나의 시를 살리기 위해서 시의 대상을 시의 대상답게 살려내는 연습. 그러한 연습의 시간을, 시를 쓰는 입장에서 마다할 이유가 있을까요?

필생의 이미지 찾기

어느 시인의 말대로 시는 연날리기에 비유할 수 있습니다. 분명 내가 쓰고 내가 만들어가는 작업이지만, 온전히 내 뜻대로만 움직이는 것이 아니니까요. 시는 시의 뜻대로도 움직입니다. 시는 시의 뜻대로만 움직이는 것처럼도 보입니다. 내 손에서 나온 실을 따라 움직이는 것은 분명하지만, 내 뜻을 따르지 않는 곳에 또한 시가 있습니다. 그래서 시는 마치 연날리기처럼 연의 뜻을(혹은 바람의 뜻을) 잘 헤아려서 풀었다가 놓았다가 하는 손놀림의 기술인지도 모르겠습니다. 사실상

제 뜻대로 움직이는 시의 뜻을 헤아리려면, 우선은 나한테서 나왔으되 나한테만 묶여 있지 않은 시의 말을 들어야 합니다.

시의 말은 리듬이면서 한편으로는 이미지로 채워집니다. 시의 말을 채우는 이미지는 시인마다 다르게 나타납니다. 시인마다 다르게 나타나는 이미지 중 어떤 이미지는 시인의 일생에 걸쳐 반복해서 나타납니다. 변주되고 또 변주되면서 나타나는 그 이미지를 '필생의 이미지'라고 부른다면, 필생의 이미지가 곧 그 시인의 시를 이루는 고유한 이미지이자 개성이라고 할 수 있습니다.

우리는 모두 개성을 가지기 위해서 시를 씁니다. 자기만의 고유한 말을 하기 위해서 또 시를 씁니다. 자기만의 고유한 말은 자기만의 고유한 이미지와 함께 나타납니다. 그 이미지를, 즉 필생의 이미지를 찾아내는 일이 어쩌면 시인이 되는 첫걸음일 겁니다. 첫걸음이기에 가장 기초가 되는 일이면서 가장 중요한 과업이기도 한 '필생의 이미지 찾기'를 그렇다고 너무 골치 아프게 생각할 필요는 없습니다. 시의 말이면서 궁극적으로 나한테서 비롯되는 그 말. 나한테서 나왔으되 내 뜻대로 움직이지 않는 그 말을 찾아서, 다시 번거롭지만 나를 들여다보고 나의 기억을 더듬어보고 나의 상상을 펼쳐나가는 과정 중에 필생의 이미지는 자연스럽게 올라옵니다. 필생의 이미지는 결국 나를 대신하는 이미지이고 나를 대신하면서 자기 뜻대로 말하는 그 이미지를 찾아가는 시간이 곧 시를 찾아가는 시간일 겁니다.

그 겨울에서 겨울까지
짧은 기록 몇 개 2

이미지

이미지의 성격이 바뀐다는 것은 한 사람의 인생이 바뀌는 것과 같다. 내 기억 속에 녹아 있는 불의 이미지, 연기의 이미지, 물의 이미지는 하루아침에 바뀌지 않는다. 그것이 내게 중요한 이미지일수록 필생의 이미지일수록 그것은 더 두텁고도 완고한 성격으로 자리 잡힌다.

이미지 2

이미지는 과거다. 과거이므로 이미 있는 곳에서 찾아야 한다. 저 멀리 가보지도 않은 새로운 곳에서 찾을 필요가 없다. 새로운 비유를 위해 새로운 이미지를 찾는 행위는 대체로 실패로 끝나거나 억지가 되기 쉽다. 이미지는 이미 있다. 이미 있는 것이고 다만 숨어 있다. 과거 어딘가 숨어 있고 더 정확히 말하면 기억 어딘가 혹은 역사 어딘가에 숨어 있다. 이미지는 지층을 이루면서 쌓여 있고 숨어 있다. 비유를 위해서 찾아야 하는 이미지는 미래에 숨어 있지 않다. 이미지는 이미 쌓여 있는 기억의 지층 어딘가에서 발견되어야 한다. 지층의 어딘가에서 이미지가 올라온다. 새로운 이미지란 것도 실상은 거기서 올라오는 무엇이다. 그러므로 이미지는 미지未知가 아니라 언제나 기지旣知다. 우리가 망각하거나 놓쳐버렸거나 밀쳐두었던 기지 한가운데서 떠오르는 무엇이다. 그게 무엇이든 그걸 발견해야 한다. 이미지는 지금도 쌓이고 있다. 지층을 이루며 깊이를 만들어가고 있다. 망각도 함께 만들어지고 있다. 다만 우리가 감지하지 못할 뿐이다. 기억은 나 몰래 쌓이는 무엇이다. 남몰래 쌓이는 역사를 발견하기 위해서라도 비유가 필요하다. 저 아래 묻혀 있는 이미지를 찾아 나서는 것이다. 아무도 모르게 쌓인 그 흔적을 헤집어보는 것이다. 이미지는 지금도 쌓이고 있다. 내가 모른다면 당신도 모르는 상태로 기억 어딘가에 고집스럽게 쌓이고 있을 것이다.

은유

은유의 길은 두 가지다. 잘 모르는 것을 잘 아는 것으로 바꾸거나, 잘 아는 것을 잘 모르는 것으로 바꾸거나. 과학의 언어가 대체로 전자의 방식을 따른다면, 예술의 언어는 대체로 후자의 방식에 몰두한다. 즉 미지를 기지로 개척해가는 방식과 기지를 미지로 새삼 전복시키는 방식. 그리하여 신세계는 늘 미지였다가 기지였다가 다시 미지인 세계를 반복하면서 우리에게 온다. 그리하여 우리 앞의 신세계는 다 아는 세계와 전혀 모르는 세계 사이에서 끊임없이 왕복하는 그 무엇이다. 그 무엇이 알고 싶은가? 그 무엇이 무엇인지 궁금하다면 잘 모르는 것부터 물어보아야 한다. 그것은 다 아는 것을 새삼 묻는 것과 다르지 않다.

극단

극단이 깊어지려면 그것과 맞서는 짝을 전제하지 않아야 한다. 짝을 전제하는 순간부터 극단은 타협을 시도한다. 타협에 눈길을 주기 시작하는 순간부터 극단은 극단의 극단성을, 그것의 무모함을, 불가능성을 다 놓치고 만다. 극단은 언제나 불가능하게 있어야 한다. 무모하게 가야 한다. 극단이 극단적으로 더 보아야 하는 것이 있다면 오직 극단 너머다. 거기에는 아무것도 없다. 없어야 한다. 그래야 극단이다. 극단답게 갈 수 있다. 극단답게 극단 너머에 있을 수 있다. 거기서 상대되는 짝이 보이고 말고는 그다음 문제다. 극단은 그것까지 미처 신경 쓸 수 없다. 신경 쓸 수 있는 여력은 이미 극단이 아니다. 여력은 여력이 있는 자에게나 줘버려라. 여력은 여력이 없는 자에게 처음부터 끝까지 없는 것이어야 한다. 있다면 지금이라도 버려야 한다. 여력도 없이 그것은 간다. 여력이 없어서 그것은 간다. 더 가야 하기 때문에 언제나 부족한 것. 그것이 여력이다. 극단은 아니다. 극단은 아니라고 말하면서 매번 간다. 극단은 아니라고 말하면서 다시 간다. 극단은 아니라고 말할 때의 그 무엇이다. 극단은 아니다. 아닌 것이다.

프리노트

시는 시에 진입하는 시간을 최대한 늦추는 과정에서 발생한다. 그 과정 중의 하나가 시(라는 장르)를 의식하지 않고 쓰는 자유로운 글쓰기다. 자유로운 글쓰기 대신 시작노트 혹은 프리노트라고 불러도 좋다. 그걸 뭐라고 부르든 시는 시에 진입하는 시간을 최대한 늦추는 글쓰기를 필요로 한다. 물론 그게 없으면 없는 대로, 곧바로 시에 진입하는 글쓰기도 있다. 그것은 하나의 시 세계가 거의 무르익었다는 증거이거나 아니면 무르익음을 지나쳐 벌써 식상해지고 있다는 증거다.

받아쓰기

시에서 나 하나 지우기가 이렇게도 힘들다. 거의 한 사람의 목숨을 지우는 일처럼 힘들다. 나는 지워지지 않는다. '나'라는 인칭을 삭제하고서도 버젓이 남아 있는 나의 목소리. 나의 호흡. 나의 그늘진 이미지들이 지금도 살아서 돌아다니고 있다. 보이지 않는 모습으로. 보인다고 해도 잡히지 않는 형상으로. 잡힌다고 해도 그것이 나라고 할 만한 근거가 희박한 채로 돌아다니는 그것을 어제도 들었고 오늘도 들었고 앞으로도 듣기를 바라면서 시를 쓴다. 시라는 걸 받아서 적고 있다.

　　시는 받아쓰기다. 어떤 목소리의 받아쓰기다. 일단은 나의 목소리라고 해두자. 나의 목소리는 그러나 출처를 밝히지 않는다. 출처가 없으므로, 적어도 희미하므로 그 목소리를 나로 받아서 증명할 근거 역시 여전히 희미하거나 아예 없다. 분명히 나라고 생각되는 그 목소리를 받아쓰는 일만 해도 충분히 벅차고 충분히 힘에 겹다. 받아쓰기할 기회만 줘도 감지덕지하는 그 목소리를 들으려고 그토록 많은 시간을 탕진하고서도 아직 남아 있기를 바라는 그 목소리의 주인공은 여전히 오리무중이다. 오리무중이기에 잡을 수 없고 잡을 수 없기에 있는지 없는지도 불확실한 곳에 다시 누군가의 목소리가 있다. 누군가의 시가 있고 무엇보다 나의 시가 있다.

나는 말이다
누가 말하는가? 그분이 말한다. 그분이 누구인가? 아니 누구신가? 그분이 오셔야 알 수 있다. 그분이 오셔도 알 수 없다. 그분은 말하고 돌아간다. 그분은 말만 남기고 돌아가셨다. 영영 죽은 것처럼 다시 오지 않을 것처럼 돌아가서 돌아오지 않을 곳에 계시는 그분이 언제 말하는가? 언제 말했고 언제 다시 말할 것인가?

    그분은 말이다. 그분은 이렇게 말하셨지. 내 말이 나다. 내 말이 나라는 사실을 내가 아니라 네가 증명하는 방식으로 나는 있다. 겨우 있다. 있지 않다고 해도 하등 문제가 되지 않을 만큼 나는 있다. 그래서 있다는 말인가? 없다는 말인가? 나는 말이다. 나는 말이므로 네가 아니다. 너도 말이다. 너도 말이므로 네가 될 수 없는 곳에 너의 말이 있다. 너는 어디 있는가? 나는 어디 있는가? 그분이 말한다. 그분이 말이다.

    그분은 말하다가 멈추었다. 멈춘 그 자리에서 그 말을 다시 돌려 세워놓고 보면 말이다. 이상하게 말이다. 말이 안 되는 말도 말이다. 말이 안 되려고 노력하는 말도 당연히 말이다. 이상하게 말이다. 말이 너무 잘되어서 문제인 말도 다시 말이다. 그분이 말이다. 이렇게 말하셨다. 내 말을 멈추는 자. 그 말을 그치거라.

자연

나는 네가 건네는 말을 모르겠다. 다만 알고 싶을 뿐이다. 네가 말을 건네기나 하는 것인지 그조차도 모르는 상태에서 내가 알고 싶은 것은 단지 너다. 너의 말은 언제나 나의 말을 기다리고 있다는 것도 착각일 수 있지만 네가 있다는 사실만큼은 의심할 여지가 없는 곳에서 너를 본다. 네가 있는 곳과 네가 있을 만한 곳과 네가 없다면 네가 둘러싸고 있는 이곳을 다시 보려고 한다. 다시 보면서 말하려고 한다. 말은 이미 하고 있다. 내가 보고 있는 것을 매번 의심하면서 너를 본다. 너는 경이롭게 있다. 경이가 지나쳐 없는 것처럼도 보이는 너를 매번 보고 있다. 내가 보고 있는 것이 과연 너인가? 너는 과연 내가 보고 있는 것인가? 나는 내가 건네는 말을 모르겠다. 그 말을 모르겠는 누군가에게도 마찬가지로 나는 있다. 어쩌다가 있고 희미하게 있고 간절하게도 있는 나를 너 또한 보고 있으리라. 이게 과연 나인지를 묻고 있으리라. 나는 대답할 수 없다. 다만 알고 싶을 뿐이다. 한정 없이 내가 있다. 그러므로 네가 있는 것인가?

자연 2

자연이 하는 일에는 목적이란 게 없다. 인간은 자연이 하는 일의 과정과 원리, 법칙까지는 설명할 수 있어도, 즉 그것이 무엇을 '어떻게' 하고 있는가까지는 알 수 있어도 그것이 무엇을 '왜' 하는지는 알 수가 없다. 그들은 움직임만 있지 생각이 없기 때문이다. 무엇보다 말이 없기 때문이다. 그럼에도 자연이 건네는 말을 들어야 하는 역설적인 상황이 벌어지는 곳이 또한 문학이고 예술이다. 시도 마찬가지다.

무생물일수록 자연은 말을 하지 않는데, 우리는 자연이 건네는 말을 들으려고 무진 애를 쓴다. 그러나 그 말은 결국 인간의 말이다. 인간이 듣고 싶었던 말인지도 모른다. 자연은 자연의 일을 말없이 생각 없이 하고 있을 뿐이다. 인간은 인간이 생각하고 인간이 말하고 인간이 듣고 싶은 것을 들을 수밖에 없다. 정말 없는가.

인간과 여타 생물, 인간과 무생물, 인간과 자연, 인간과 우주 사이에 놓인 간극의 핵심은 언어에 놓인다. 인간의 언어와 자연의 비언어(적 언어)에 대한 고민 또한 전 생애를 다 바쳐도 모자랄 것이다. 결코 해소되지 않는 문제가 인간과 자연 사이에 있다. 인간의 언어와 자연의 비언어 사이에 놓여 있다. 그러니 자연은 계속해서 신비의 영역으로 인간을 유혹한다. 아무리 말해도 끝내 말해지지 않는 것이 자연에 계속해서 남아 있기 때문이다. 어쩌면 말 자체가 계속해서 여분을 남기는 것인지도 모른다. 언어 자체에 완결될 수 없는 속성이 들어 있기 때문에 자연은 더더욱 신비를 남기는지도 모른다. 만약 자연이 전혀 신비할 것이 없는 상태로 규명된다고 하더라도 인간이 언어를 버리지 않는 이상, 신비는 계속해서 남을 것이다. 알고 알아도 모르는 것이 남는 상태, 말하고 말해도 다 말해지지 않는 상태가 계속 남아서 인간의 언어를 이루고 무엇보다 인간을 이루고 있을 것이다. 그러고 보면 인간 자체가 신비다. 자연과 마찬가지로 신비다. 신비한 존재가 신비한 존재를 만나서 어우러지는 온갖 이해와 오해와 굴절과 왜곡과 감탄의 순간을 담아내는 곳에 결국 인간의 입장에서는 언어가 남아 있을 것이다.

그런데 우리는 왜 말하려는지 모른다. 왜 말해지는지 모른다. 말이 말해지는 이유를 우리는 모른다.

인간도 자연의 일부, 인간의 언어도 자연의 일부라면, 언어에서 자연을 발견하는 일도 가능할 것이다. 과학자가 물질의 속성을 파헤치듯이, 시인에게는 언어의 속성을 파헤치는 일이 남아 있는 것이 아닐까. 언어에서 자연의 원리를 보는 것. 단순히 인간적인 원리만 보는 것이 아니라 그것을 비롯하여, 그것을 넘어 자연의 원리를 보는 것, 그것이 어떤 시인들에게는 더없이 중요한 소명이 될 것이다.

그런데 언어 자체가 너무 인간화되어 있는 것이 일차적으로 가장 큰 장애물이다. 인간화되어 있고 규범화되어 있고 때로는 토속화까지 되어 있는 언어로 인간을 비롯하되, 인간을 넘어서는 자연의 원리를 본다는 것 자체가 굉장히 무모한 도전이 될 것이다. 자연이 건네는 말을 듣는 것만큼이나 불가능한 일이 될 수도 있다. 불가능하므로 덤벼들 가치가 역설적으로 있다. 쉽게 할 수 있는 일은 쉽게 하고자 하는 많은 이들에게 맡겨두라. 쉽게 할 수 없는, 거의 불가능한 과업에 너 하나만큼은 매달려라. 그게 가치다.

한편으로, 시의 언어라는 것이 가장 개인적인 언어이고, 한 주체의 언어이고 언어여야 하고, 주체의 힘을 벗어나서는 나올 수가 없는 언어라는 점도 중요하다. 즉 시의 언어는 부득이 나의 언어라는 사실이 중요하다. 이 사실에 근거하면, 언어에서 자연의 원리를 발견하려는 노력은 특히나 시로 옮겨와서는 나를 이루는 자연, 나와 관계된 자연, 나를 빼놓고서는 성립될 수 없는 자연을 벗어나서 얘기될 수 없다는 귀결에 이른다. 등식으로 표현하자면, 언어=자연, 시=나=언어라고 한다면, 언어=나=자연이 곧 시라는 말이 될 것이다. 그렇다면, 시는 결국 나라는 자연의 문제를 벗어날 수 없는가? 그런데 자연은 타자(신비)라는 점에서 나 역시 주체이자 타자라고 할 수 있다. 나는 나를 끝없이 들여다보지만 나는 나를 끝없이 떠날 수도 있지만, 그럼에도 내가 나를 모르겠는 곳에 다시 언어가 있다. 언어는 알기 위한 도구이기도 하지만, 모르기 위한 전제일 수도 있다. 나는 모른다. 언어가 모르는 것이기 때문에 언어는 언어를 끝없이 모르는 상태로 무언가를 알려준다.

그래서 쓴다
인간은 불완전하고 세계는 불가해하다. 알 수 없다는 말이다. 모자란다는 말이고 그것이 인간을 규정하는 유일한 말이라면 세계는 더더욱 알 수 없어진다. 다 안다면 나는 이미 완전체다. 인간이 완전의 다른 말일 수 있었다면, 이 글도 써져야 할 이유가 없었을 것이다.

롤모델
나는 네가 아니라는 것만 확인했다. 그걸로 족하다. 네가 남긴 말을 사랑하면서 네가 아니라는 것만 확인하는 데도 수백 페이지의 글이 필요했다. 너는 아름다운 말을 남겼다. 간명한 메시지를 남겼다. 무엇보다 쉬운 명제를 남겼다. 나의 말은 길어지고 있다. 길어지면서 네가 아니라는 것만 확인하는 말을 더 짧게 할 수 있는 방법은 없다. 아닌 것이 아닌 데는 이유가 있고 대체로 길다. 더없이 긴 변명을 남기고 있다. 너는 그조차도 짧게 용납할 것이다. 그냥 쓰세요.

엑설런트
나는 내가 버터인 줄 알았다.

존재감
나는 희박한 사람이다. 성정이 희박한 사람이다. 태생이 희박한 사람이라고 해도 좋다. 나는 존재감을 싫어한다. 싫어하므로 싫어하는 만큼 무게감도 없어진 사람. 그것이 나라면 좋겠지만, 나는 무게가 있고 부피가 있고 그래서 어쩔 수 없이 존재하는 사람이다. 존재감 제로가 되지 못하는 사람이 존재감 제로에 도전하면서 맞닥뜨리게 되는 현실. 나는 희박하기 짝이 없는 사람인데, 사람이고자 하는데, 벽은커녕 창살조차도 통과할 수 없는 몸으로 생각하는 사람일 수밖에 없다는 사실. 생각하는 사람은 몸이 있다. 생각은 하는데 몸이 없는 사람은 내가 될 수 없다는 사실이 절망스럽지만, 절망스럽더라도 한 번 더 절망을 상기하면서 절망스럽게 절망스럽게 나를 지우는 연습. 나를 덜어내고 나의 거추장스러운 생각을 덜어내고 몸도 마저 덜어내면서 겨우 존재하는 사람. 존재감 제로에 도전하는 사람. 거의 근접한 사람. 그것이 나여야 한다는 생각에서 한 발짝도 양보할 수 없는 사람이 다시 도전한다. 도전하면서 말을 한다. 말을 하면서 또 한 본다. 나의 존재감을.

아무것도 아닌 자의 시선
아무것도 아닌 자의 시선으로 인사를 받는다. 아무것도 아닌 자이기에 인사를 돌려줄 수도 없다. 인사에 걸맞은 인사는 무엇이라도 되는 자에게나 어울리는 인사. 무어라도 되는 자에게나 필요한 인사를 나는 할 수가 없다. 내가 아니기 때문이다. 내가 없기 때문이다.

죽음의 시점=유령의 시점=아무것도 아닌 자의 시점=모든 것이 관통해버리는 자의 시점=시점이라고 할 것도 없는 자의 시점=시선에 굴절이 없는 자의 시선.

아무것도 아닌 자의 시선은 나의 생존 방식이기도 하다. 무엇도 되지 않기를 바라는 자의 시선이 유일하게 내 욕망이다. 그것이 불가능한 욕심일지라도 부려야 한다는 자의 시선은 그래서 탄생하기 어렵다. 사실상 불가능하다.

사실 이런 시선에 어울리려면 아무것도 하지 않아야 하는데, 아무것도 하지 않고 살 수 없으므로 무엇이라도 하면서 무엇도 되지 않기를 바라는 이상한 마음으로 살고 있다.

개체와 개체 사이에 내가 있다. 그러니까 나와 너 사이에 내가 있다. 나라고 할 수 없는 자의 마음과 욕망과 시선이 있다. 있어도 그만 없어도 그만인 자의 시선이 간신히 비춰주는 것. 그것이 나여야 한다는 마음으로 살고 있다.

문틈 사이로 소리가 들어온다. 공기도 들어온다. 문틈 사이에 더 무엇이 들어갈 수 있을지 고민하다가 관두었다. 이러다가 말 거라는 것을 왜 몰랐을까? 모르는데 계속 한다. 아무것도 아니지만 한다.

기록은 사실을 떠난다
여기, 하나의 꽃이 있다. 실제로 꽃이었으면 좋겠다. 실제로 꽃이 아니기에 실제로 꽃이기를 바라는 문장이 있다. 저것은 실제로 꽃이다. 꽃이 아니면 단어이고 단순한 단어들로 이루어진 문장이다. 한 문장의 꽃. 한 단어의 꽃. 그러니까 언어로서의 꽃이 여기 있다. 실제의 꽃이기를 바라는 단어와 문장과 그리고 또 무엇이 있어서 꽃이 될까? 저것은 실제로 꽃이 아니다. 꽃이 될 수가 없다. 그러나 꽃이라고 말하는 순간 꽃은 있다. 이 문장에도 있고 저 단어에도 섞여 있으며(가령 유채꽃이나 국화꽃으로) 심지어 아직은 말하지 않고 있는 우리의 의식에도 꽃은 있다. 우리 의식에 있는 꽃과 이 문장에 담긴 꽃. 사실상 그것이 전부인 저 꽃의 전모는 그리하여 우리에게 영원히 꽃을 안겨주지 않는다. 의식과 언어만 가지고서는 꽃을 만질 수가 없다. 그럼에도 만진다고 쓴다. 그럼에도 만진다고 말하면서 무엇을 만지고 있는가? 우리는 만질 수 없는 것을 만지고 있다. 이미 만진 것은 기록되지 않는다. 오직 만져지지 않은 것들만 기록이 된다. 오직 일어나지 않는 일들만 기록으로 살아남는다. 기록은 사실에 근거하되 사실이 아니다. 사실이 된다면 기록이라는 사실만 남을 뿐이다. 그 또한 기록되면서 사실을 떠난다. 기록은 재기록되면서 재기록이 되면서 일어나지 않은 어떤 일을 계속해서 일으키고 있다. 사실은 다른 곳에서 일어나는 일이다. 나는 그것을 붙잡을 수 없다. 아니다. 기록이 그것을 만지고 싶어 하지 않는다. 기록은 사실을 떠난다.

목격자

나는 목격자다. 목격자여야 한다. 어떤 사물에 대해서, 사건에 대해서, 사안에 대해서, 심지어 사람에 대해서도 목격자의 자세를 유지하는 사람은 한편으로 어떤 목적을 가지고 있는 사람이다. 그것을 보아야 하는 사람. 어떻게든 보아야 하는 사람. 보려고 노력하고 보려고 노력하는 자세를 어떻게든 견지하는 사람. 그렇다면 그는 목적자다. 뚜렷한 목적을 가지고 있는 사람이다. 뚜렷한 목적을 가지고 목격해야 하는 사람. 그가 나여야 한다.

그 또한 목적이다. 보려고 하는 목적이자 내가 있어야 하는 목적. 내가 나여야 하는 목적. 그것이 그것이어야 하는 목적과 마찬가지로 그 사람은 그 사람대로 목적을 가지고 있다. 목적이 없다면 사람이 아니라는 생각으로 목적을 가진 사람. 그게 또 나여야 한다는 목적으로 생각을 한다. 생각하는 것을 본다. 생각의 끝에 사물이 있는가 목적이 있는가 그것은 중요한가 중요하지 않은가도 중요하지 않다. 나는 보는 사람이다. 보아야 하는 사람이다. 보지 않으면 보지 않는 것조차 보아야 하는 사람. 그것이 나여야 한다.

그 또한 허상이다. 그 또한 허상이라는 걸 아는 사람이 오늘은 무슨 일로 목적을 지운다. 목적을 비운다. 목적을 만드는 방식으로 채워지고 다시 쓰는 방식으로. 목적은 있다. 목적은 있어야 한다. 지우려면 지우기 위해서라도 목적은 있다. 없다면 없는 방식으로 목적은 생긴다. 목적이 생기고 있다. 그 자리에 목격자가 들어선다. 그게 나여야 한다는 생각도 누가 보기 위해서 있다. 목격하기 위해서 그가 왔다. 그게 나여야 할까?

내가 아니라면 누가 이것을 볼까? 누가 너를 볼 것이며 누가 너희들을 너희들로부터 구제할 것인가? 삭제할 것인가? 삭제되면서 구제되는 방식으로 목적이 있다. 목적은 뚜렷하다. 안 보이는 것을 전제로 튀어나온 면에 있다. 보이는 것을 전제로 너희는 숨어 있다. 둘의 뚜렷한 경계. 그러니까 보이는 것과 보이지 않는 것의 뚜렷한 경계를 목적자는 알까? 목격자는 볼까?

 볼 수 있다면 너희는 목격자다. 볼 수 없다면 볼 수 없는 곳에서 너희들은 본다. 다른 목격의 현장을. 다른 목적의 사건을. 나머지는 모두 안 보이는 것으로 생각해도 좋다. 없는 것으로 여겨도 문제가 없다는 말이다. 문제는 보는 순간부터 발생한다. 발생하는 순간부터 나는 본다. 목적을 가지고 본다. 그것이 무얼까? 그 목적이란 것이.

그것은 어떻게 지내세요?

오랜만에 만나면 이걸 묻고 싶다. 너를 만나도 좋고 그를 만나도 좋다. 만나기만 한다면 그게 누구든 이걸 묻고 싶다. 그것은 어떻게 지내세요? 너는 너대로 그는 그대로 당신이 되어 나의 질문을 받고 어떤 식으로든 반응을 보일 것이다. 새삼 그것이 무어냐고 묻는다면 당신은 아직 답변할 준비가 안 된 사람이다. 그렇다면 나는 다른 질문을 해야 하는 사람이겠지만, 그럼에도 묻고 싶다. 그것은 어떻게 지내시냐고. 별다른 답변이 준비 안 된 당신은 곧 그 자리를 뜨겠지만, 그럼에도 묻고 싶다. 돌아서는 당신의 등을 향해 그것이 어떻게 지내시냐고.

 당신이 만약 등을 돌려서 나를 향해 다시 온다면, 나는 질문한 사람답게 답변을 기다리는 표정으로 당신을 빤히 쳐다볼 것이다. 당신은 말보다도 주먹이 먼저 나올 수도 있다. 주먹이 먼저 나오는 사람답게 당신은 주먹 먼저 내밀고 다음으로 어떤 말을 내밀 수도 있는데, 굳이 내밀지 않더라도 상관없는 것이 당신은 이미 답변을 들려줄 사람이 아니기 때문이다. 당신은 이미 딴사람이다. 내가 예상했던 사람이 아니다. 그러므로 주먹질 한 번 한 것으로 만족하고 돌아가기를 바란다. 그런데 왜 주먹부터 내미는 걸까? 그것이 어떻게 지내시냐는 질문에 당신은 왜 주먹질부터 먼저 하고서 다음 동작이나 말을 찾고 있는가? 그것에게 물어볼 것을 당신한테 물어본 죄? 아니면 그것이 무언지를 모르는 것이 아니라 너무나 잘 알고 있어서 주먹부터 내밀었던 것일까? 그도 아니면 그것이 무언지는 모르겠지만 이상하게 당신의 깊숙한 곳 어딘가를 대책 없이 찔렀던 것일까? 나는 한동안 주먹 때문에 정신이 없다. 주먹질 한 번에 정신을 잃을 듯 말 듯 겨우 차리고 있다. 그것이 어떻게 지내시냐는 질문 하나가 초래한 결과다.

나는 질문을 바꿀 생각이 없다. 당신도 답변을 바꿀 생각이 없는 모양이다. 곧바로 그것에 대해 묻는 당신은 그것이 무엇이기에 자신에게 안부 비슷한 것을 묻는지 나한테 묻는다. 말하자면 반문인데, 반문에 대해 나는 또 이렇게 반문할 수 있다. 그것을 난들 어떻게 알겠느냐고. 모르니까 묻고 모르니까 질문을 받는 사람 중 한 명이 당신이 아니겠냐고.

들려야 한다

보고 있어도 안에서 들린다. 듣고 있어도 안에서 들린다. 맞고 있어도 때리고 있어도 안에서 들린다. 말리는 소리도 안에서 들린다. 누가 죽어 나가더라도 안에서 들린다. 안에서만 들린다. 안에서는 들린다. 너무 많은 소리가 나오지 못하고 있다.

내부에만 들어오라. 자연스러워질 것이다.
아니면 외부에만 있어라. 부자연스럽게.

사실상 듣는 것이 전부다. 듣기 위한 노력이 전부다. 듣기 위해서 애쓰는 모든 행위가 사실상 시의 전부다. 들리지 않는다면 사실상 끝났다고 봐도 틀리지 않기 때문이다. 들릴 때까지 틀리고 또 틀려서라도 듣는 연습. 제대로 들리면 제대로 울린다.

명민한 눈을 잠시 감아야 한다. 그래야 들린다. 시가 아니면 노래. 노래가 아니면 또 무엇일까. 마치 신이 들린 것처럼 들리는 그 소리를 듣기 위해서라도 감아야 한다. 잠시라도 좋다. 명민한 눈은 시를 밝히는 눈이지 시를 따르는 눈이 아니다. 따르는 눈은 언제나 감고 있다. 어둠을 밝히지 않는다. 어둠 자체가 길이자 소리가 될 때 시는 눈을 뜬다.

보여주기와 들려주기와 불러주기
―2017년 말 어느 좌담에서 했던 말

어느 지면에서도 남긴 말이지만, 시는 눈의 문제로 시작해서 귀의 문제로 끝나는 것 같습니다. 보는 것으로 시작해서 듣는 것으로 끝난다는 말이지요. 아무리 독특한 이미지도 그것이 들리지 않는다면 시가 될 수 없다는 말이기도 합니다. 시는 이미지를 보는 작업이면서 결국에는 그것을 문장으로 듣는 작업입니다. 어떤 문장을 누가 와서 들려주는 것처럼, 듣는 순간이 곧 시가 시작하는 순간일 겁니다. 그런 점에서 시의 첫 줄은 언제나 듣는 작업입니다. 충분히 보아두고 사유하는 작업은 그 이전의 작업이며, 따라서 예비 단계이지요. 본격적인 시의 작업은 듣는 순간과 함께 시작합니다. 들려야 시가 시작한다는 말이지요. 마치 신이 들린 것처럼 말이 들리는 것, 그것이 시가 들리는 방식이고 시가 쓰이는 방식이자 유일하게 통용되는 방식이라고 생각합니다.

한편으로 밥 딜런 같은 가수이자 음유시인은 여기서 한 걸음 더 나아가, 시를 들려주는 차원이 아니라 불러주는 차원에 있다고 할 수 있습니다. 노래와 구분되지 않았던 시의 태생적인 뿌리를 새삼 확인시켜주는 사례이기도 하지요. 특히나 현대와 같이 영상매체의 힘이 막강한 시절일수록 시에서 오히려 더 강조되어야 하는 것은, 무언가를 보여주는 능력보다 들려주는 능력일 겁니다. 왜냐하면 보여주는 힘만 놓고 본다면, 만화든 영화든 영상매체를 이길 수 있는 문학 장르가 없기 때문이지요. 한 문장에서 한 문장으로 오로지 말의 힘으로 밀고 나가야 하는 시도 마찬가지지요. 그런 점에서 지금은 이미지 중심으로 보여주기만 하는 시를 넘어서 귀에 쏙쏙 박히게 들려주는 시에 대한 고민이 필요한 시대라고 생각합니다. 밥 딜런의 노벨문학상 선정은, 시가 보여주는 것이 아니라 들려주는 것이며, 나아가 불러주기와도 무관하지 않다는 것을 웅변하는 사례일 겁니다. 그런데 보여주는 능력에서 시가 여타의 영상매체에 상대가 안 되는 것과 마찬가지로, 불러주는 능력 역시 노래에 비길 바가 못 됩니다. 요컨대 시는 영상매체에도 뒤지고 노래에도 뒤지는 보여주기와 불러주기 대신, 들려주기에 더 충실해야 하는 장르로 나아가야 하지 않을까 하는 의견을 조심스럽게 내봅니다.

그 겨울에서 겨울까지
짧은 기록 몇 개 3

정신

나에게는 정신이 없다. 오직 말만 있을 뿐이다. 행동만 있을 뿐이다. 그러니 묻지 말라. 무슨 정신이 있어서 그 말을 하고 그 말을 행동하는지. 행동은 말한다. 정신 없이도 충분히 살아남은 아메바가 말한다. 아메바의 행동이 말한다. 그 말을 집어치워라.

맛

나는 항상 이유가 있고 죽을 맛이지. 이유 없는 죽음도 맛도 없겠지만, 문제는 그 이유란 것이 늘 헛짚인다는 거지. 나는 항상 이유가 있고 그게 어디 있는지 모르지. 안다면 살맛 나는 세상이었을까? 몰라서 죽을 맛이고 알아도 어쩔 수 없는 맛. 그걸 맛보고 있다. 맛보고 싶다. 다른 맛이 없으니 다른 말이라도 해다오. 애원해봤자 소용없는 말을 듣고 있다. 문제는 그조차도 매번 잘못 알아듣고 있다는 사실. 그러니 죽으라고 맛만 보고 있다. 이 맛이 그 맛인가?

안쪽

뜬금없는 안쪽이 있다. 내가 모르는 바깥만 있는 게 아니라 다 안다고 생각하는 안쪽을 향해 그 안쪽이 한 번 말하고 두 번 말하고 수십 번도 넘게 말하는 것. 그게 무얼까를 곰곰이 생각해보라. 누가 답변해주는가? 안쪽에서는 절대 답변해주지 않는다.

투명과 암흑

1. 시는 일차적으로 투명해야 한다. 궁극적으로 암흑이어야 한다.
2. 시는 일차적으로 암흑이어야 한다. 궁극적으로 투명해야 한다.

저 둘 사이에도 시는 많다. 저 둘 사이에서 헤매는 시가 대부분이다. 헤매더라도 극단적으로 헤매는 시만이 살아남는다. 너는 어디까지 헤매봤니? 투명과 암흑 사이에서, 암흑과 투명 사이에서 매번 할 말을 잃고 있는.

세포

내가 죽더라도 죽지 않고 살아서 자기 할 일을 하는 것들이 있다. 모두가 죽기 위해서라도 나는 더 죽어야 한다. 죽은 것을 더 죽여야 한다. 그 노릇을 살아서 더 해야 하는 것들이 있다. 그들 역시 죽는다. 그들이 죽어야 죽는 것이 있다. 이 시체를 보라.

과거

우리는 과거 어느 때라도 되돌아갈 수 있다. 되돌아갈 수 있는 공간이 머릿속에 있기 때문이다. 머릿속이 아니면 마음속인가? 그게 아니면 또 어디로 되돌아가서 그토록 자책하는 시간을 가지는가? 후회하는 시간과 그리워하는 시간과 두 번 다시 만날 수 없는 시간을 다시 되돌리는가? 그는 매번 뒤돌아본다. 마치 그 시간이 여기 있는 것처럼 보고 또 보면서 멀리 잊히는 사람이 되어간다. 너무 오랜 시간이 지나서야 그는 사람이 아니게 되었다.

재능

시를 싫어하는 사람은 있어도 시에 재능이 없는 사람은 없다. 정도의 차이가 있을지언정 어느 정도는 다 있다는 말이 아니다. 저마다 다르게 있다는 말이다. 저마다 다르게 있는 그 재능을, 시의 재능을 발견하기가 무척 어려울 뿐이다. 스스로 발견해야 하는 그 재능을 썩힌다고 해서 누구 하나 안타까워하지도 않는다. 잠시 안타까워하다가 만다. 대부분은 관심을 두지 않는다. 왜? 대부분은 시를 싫어하니까. 이때의 시는 그들이 통상 좋아하는 시와는 거리가 먼 시다. 그 시가 도대체 무엇이기에 그토록 많은 사람들이 관심을 두지 않는 가운데서도 스스로 찾아나서는 재능 중 하나가 되었을까? 다시 말하지만 누구나 시적인 재능은 있다. 저마다 있고 다르게 있고 어디에나 있지만 싫어하는 사람들이 훨씬 더 많은 가운데 있다. 거의 절대적으로 많은 사람들 가운데 겨우 있다. 시가 있고 재능이 있고 단지 몇 사람이 있다.

물려받은 시

물려받은 시를 물려받은 그대로 쓰다가 물려받은 그대로 물려주려는 시. 대체로 서비스 정신이 투철한 시들과 죽이 맞는다. 반면에 반서비스 정신이 투철한 시들의 상당수는 물려받은 그대로 물려주는 것을 거부하는 시와 통하는데, 무척이나 괴롭고 외로운 시간을 동반하는 길에 놓인다. 그들 중 대부분이 고집을 부리다가 죽는다.

서비스 정신

나는 서비스 정신이 부족한 장르다. 그래서 서비스 정신을 보강했다. 나를 버리는 방식을 강화하고 있다. 좀 더 강력하게 나를 버려야 살아나는 서비스 정신을 위해서라도 나를 버리는 내가 필요하다. 나를 버리는 나는 그럼 누가 버려주는가?

시를 방해하는 것

시를 방해하는 것도 시의 일부다. 시 쓰기를 방해하는 외부의 우연한 사물도 사건도 모두 시의 일부다. 시는 이 모든 방해물을 껴안고 다닌다. 거느리고 다니고 대동하고 다닌다. 시는 시의 방해물로 실패하거나 완성된다. 아니다. 실패조차 시는 완성된 일부로 받아들인다. 이 시는 완전히 실패했다는 표식의 일부로 방해물이 남는다. 좀 전에 걸려 온 알 수 없는 곳의 알 수 없는 전화를 내가 왜 받았을까? 이런 후회가 만들어내는 시의 실패. 실패로 완성되는 시 한 편에 대한 뒤늦은 후회도 또한 시의 일부다. 이 시는 후회로 점철되어 있다.

실패로 완성되어 있다.

한 문장

1. 한 문장으로 끝내려 한다. 한 문장으로 끝내야 한다. 벌써 실패다.
2. 한 문장으로 끝내야 하는 것을 한 문장으로 끝내려 할 때 벌써 밀려드는 실패감을 어떻게든 극복하려고 질질 끌고 있는 이 문장을 끝내는 순간 끝나는 것이 또 있다. 문장만 끝나는 것이 아니다.

한 문장

한 문장으로 모든 것을 담아낼 수 있는 문장은 없다. 그런 문장이 되고자 하는 문장은 있다. 그런 문장이 되려고 하는 문장은 세상의 모든 것을 살필 수 있는 눈을 추구해야 하는데, 그 눈은 얼마나 피곤한 눈인가. 저 혼자서도 피곤한 눈이고 근처에 있는 눈도 피곤해지기는 마찬가지인 눈을 감았다가 뜬다. 보이는 그대로다. 세상은 보이는 그대로 말해지지 않는다. 보이는 그대로 보여지지도 않는다. 보이는 그대로 있는 것도 아니므로 이 세계는 억겁의 겹을 두르고서 문장 하나를 압박하는 형세다. 자, 볼 수 있으면 한번 보라고. 말할 수 있으면 말하고 말할 수 없으면 몇 개의 문장을 더 동원해도 상관없지만 그 또한 부질없는 일이라는 것을 네가 더 잘 알지 않느냐. 몇억 개의 문장을 동원해도 소용없는 일을 얼마나 더 지속할 것인가. 문장은 함

구하고 있다. 입을 다물고 있는 것이다. 입을 봉하고 있는 것이고 입이 있어도 말 없는 상태를 반복하면서 운을 뗀다. 반복이니까 다시 다물어지는 입을 곧 구경할 것이다. 반복이니까 번복되는 상태도 어렵지 않게 반복되겠지만 그 또한 입이 있을 때의 일. 입이 없다면 말이라도 남아서 떠돌아야 한다. 내 말은 그게 아니라고.

재현

1. 무언가 재현할 것을 찾고 있다. 재현이 안 되는 것을 찾고 있다. 재현이 안 되는 것을 뻔히 알고 있는데 재현하고 싶은 것을 찾고 있다. 재현이 안 된다면 재현이 안 되는 대로 재현되는 세계를 찾고 있다. 세계는 재현으로 이루어져 있다.
2. 세계는 재현되지 말라고 있다. 재현되면 안 된다고 있다. 그래서 있는 세계를 또 어떻게 재현할 것인가. 재현은 그치지 않는다. 재현은 지치지도 않는다. 그러니 이렇게도 많은 말이 허비되고 있는 것이다. 두 눈이 다 피로하다. 눈빛이 많이 상했다.

대상

대상을 잃어버렸다. 무얼 해도 실물감이 없다. 무얼 써도 실물감이 없고 그래서 텅 비었다. 비어 있는 것도 하나의 미학일 텐데, 너무 비어 있으면 사람이 죽는다. 기질이 죽는다. 죽은 채로 쓰고 있다.

시집

특별한 전략이 있는 것도 아니고 우울함이 있는 것도 아니다. 어떤 실물감이 있는 것도 아니다. 이러고서는 시라고 말하기 힘들다. 그의 시는 바로 그 지점에서 시작하는 것 같다. 전략도 없고 우울함도 없고 실물감도 없는 시가 어떻게 전략적으로 실감나게 우울할 수 있었을까? 아니, 그 모든 것을 다 배제하고 시가 될 수 있었을까? 시가 될 수 있는 감정과 전략과 물질성을 획득할 수 있었을까? 이상한 말이지만, 그 모든 것이 없다는 것 자체가 가장 큰 우울이었을 것 같다. 가장 심각한 체험이면서 살기 위한 생존 방식이었을 것 같다. 속도를 잃어버린 투수의 팔. 제구력을 상실한 투수의 팔. 존재감마저 빈약해진 투수의 그 팔이 어떤 공을 던질지 상상하면서 야구 경기를 보았다. 패전을 기록했지만, 예술은 언제나 성패를 떠난 곳에서 이상하게 승리를 거둔다.

독자를 바꿔라

시에서 어떻게 말하는가는 중요한 문제다. 시인의 개성과 직결된 문제이기 때문이다. 그럼 어떻게 말하는가가 가장 중요한가? 그렇다고 말하는 시절에서 그럴 수도 있다고 말하는 시절로, 아예 그렇지 않다고 말하는 시절로 건너갈 수도 있다. 그럼 무엇이 더 중요한가? 무엇이 더 중요해지는 순간이 오는가? 어떻게 말하는가 이전에 무엇을 말하는가가 더 긴요해지는 순간이 온다. 대상을 바꿔야 화법이 바뀌는 순간이 온다. 호흡도 바꾸고 시선도 바꾸고 그래서 스타일이 바뀌는 순간이 비로소 온다. 그럼 대상을 바꾸는 것이 가장 중요한가? 그래서 무엇을 말하는가가 가장 중요한가? 이 또한 아닐 수도 있다는 것을 전제로 가장 중요한 문제다. 아닐 수도 있다면 그럼 가장 중요한 문제로 뭐가 남을 수 있는가? 바로 누구한테 말하는가이다. 어떻게 말하는가보다, 무엇을 말하는가보다, 누구한테 말하는가가 결정적으로 호흡도 시선도 생각도 다 바꾸는 순간이 온다. 오십 먹은 어른한테 하는 말과 여섯 살짜리 어린애한테 하는 말은 같을 수가 없다. 마찬가지로 시를 전혀 모르는 사람한테 들려주는 시와 시밖에 모르는 사람한테 들려주는 시는 같을 수가 없다. 말이 달라진다. 어느 쪽이든 한쪽에라도 통하려면 말이 달라져야 한다. 화법도 달라지고 대상도 달라져야 한다. 이 시는 누구한테 들려주는 시인가? 이걸 생각한다면 들려주는 시가 달라질 수밖에 없다. 독자가 바뀌면 시도 바뀐다. 시를 바꾸고 싶은가? 그럼 독자를 바꿔라. 어려운 시를 쉽게 쓰고 싶은가? 독자를 초등학교 저학년생으로 바꿔라. 쉬운 시를 어렵게 쓰고 싶은가? 그럼 독자를 어려운 시를 좋아하는 이들로 바꿔놓고 써라. 시가 바뀌려면 독자가 바뀌어야 한다. 자신이 쓰는 시가 바뀌려면 자신의 시를 읽을 거라고 짐작하는 독자를 바꿔라. 기댈 데를 바꿔야 서 있는 모습도 바뀐다. 기댈 데가 바뀌면 서 있는 자리도 바뀐다. 시가 바뀌면 독자가 바뀌듯이 독자가 바뀌면 시도 필연적으로 바뀐다. 당신의 시를 바꾸고 싶은가? 얼른 독자부터 바꿔라. 당신이 생각하는 독자를 바꿔라. 그것은 당신의 시가 기댈 데가 바뀌는 순간과 맞먹는다. 기댈 데 없이 쓰는 시는 없다.

멍청이

1. 나는 늙었으니까 할 말이 많다. 나는 늙었으니까 할 말이 없다. 둘 사이에 또 많은 말이 들어가서 할 말을 지운다. 지우는 말을 하고 있다. 그러니까 늙었다. 젊었으면 다른 말을 했겠지. 다른 말을 듣고 다른 생각에 빠져서 허우적거리다가 나올 것이다.
2. 허우적거리는 생각은 좋은 것이다. 허우적거리는 힘이 있으니까 허우적거리기라도 한다. 허우적거릴 힘이 없을 때는 한없이 가라앉거나 떠오른다. 너무 많은 말이 뜨거나 가라앉는 것이다. 나는 지금 가라앉는 중이다. 아니 떠오르는 중인가?
3. 대답은 멍청할 때 하자. 멍청해지면 말할 수 있다. 이것저것 명민하게 눈치를 살피지 않고 말할 수 있다. 이것저것 따지지 않는다는 말이다. 멍청한 대로 멍청함을 밀고 나가서 멍청하게 멍청한 말을 이어가는 것. 그것이 시라는 생각도 잊고 멍청하게 있기.
4. 멍청하게 있는 생각을 잇기. 이어 나가기. 이어 나가지 않으면 붙여 나가기. 붙여 나가지 않으면 빠져나가기. 빠져나가지도 못한다면 다시 들어가서 허우적대기. 허우적대다가 이럴 때가 아닌데 싶으면 다 그만두고 있기. 역시 멍청하다.
5. 멍청함이 최고다. 백치가 최고의 배우다. 지성적인 배우는 없다. 있다 하더라도 연기하는 순간만큼은 최고의 백치가 되어야 한다. 머리가 텅 비어 있어야 한다. 텅 비어 보여야 꽉 차 보이는 연기를 할 수 있다. 자신을 비우고 다른 사람으로 채우는 방식.
6. 나는 여러 사람이 들어왔다 나간 사람이다. 나는 여러 사람이 들어갔다 나올 수 있는 몸이어야 한다. 공간이어야 한다. 그

공간에 한 사람이라도 더 들어올 수 있도록 매일 머리를 비우고 있다. 머리를 비우는 연습을 하고 있다. 책을 읽은 다음엔 더더욱.

7. 말하자면 그는 타고난 멍청이였는데, 그걸 알아봐주기까지 꽤 많은 시간이 필요했다. 꽤 많은 사람이 그를 간과하는 시간이 필요했다. 그는 그런 시절도 멍청하게 견디며 보냈는데, 지금은 그럴 만한 여유가 없다. 너무 바빠졌고 너무 정신없어졌고 그래서 도무지 멍청할 틈이 없다.

8. 그는 멍청해지는 시간을 일부러 따로 내어서 멍청해지고 있다. 멍청하려고 있다. 멍청하고자 있는 그 모든 시간을 다 합쳐도 턱없이 부족한 시간이 그의 멍청함을 기다리고 있다. 너는 언제 멍청해질까?

9. 생각해보니 이런 질문도 멍청하게 한 적이 꽤 오래되었다. 지금은 안 한다. 그래서 억지로 한다. 겨우겨우 한다. 멍청한 생각을. 멍청한 문장에 적힌 그의 멍청한 생각을 곧이곧대로 믿는 사람은 없다. 멍청한 생각과 멍청한 문장은 차원이 다른 것이다.

10. 전혀 다른 생각과 문장이 멍청하게 합쳐져서 또 이런 순간이 오는 날이 있을 것이다. 그때까지는 좀 더 멍청하게 멍청한 시간을 보내자. 잘하면 멍청해지는 순간이 온다. 잘해야 온다.

마음에게 물었으나
시가 대신 얘기해준 것들

비운 자리에 들어서는 것

> 나 자신이 어떤 사람인지 알아야 내면을 비울 수 있고,
> 그 안에 연기할 것을 채울 수 있겠다고 느꼈어요.
> — 배우 김홍파

나를 비우는 자리에 다른 사람이 들어서는 것. 나의 성격을 비운 자리에 다른 성격이 들어서는 것. 다른 성격이 들어서는 빈자리를 마련하기 위해서도 나의 성격을 들여다보는 것이 우선. 그럼 나의 성격은 어떤 성격일까? 타인과 다른 나의 성격은 어떤 성격일까? 어쩌면 타인과 다른 나의 성격은 그 모양새에 따라 비워지는 양상도 달라지고 다른 성격으로 채워지는 양상도 달라질 것이다. 즉 생긴 모양대로 비워지고 비워진 모양대로 다른 무엇이 채워질 것이다. 그렇다면 순서는 나의 성격이 생긴 모양을 보는 것. 다음으로 그 안에 든 것을 그 모양대로 비우는 것. 그리고 비워진 그 모양대로 다른 것을 채우는 것.(혹은 다른 것으로 채워지는 것)

여기서 떠올리는 이미지 하나. 그릇. 나의 성격은 일종의 그릇처럼 생겼고 사람들 저마다 다르게 지닌 그릇처럼 생겼고, 그래서 그릇의 크기나 생긴 모양대로 성격이 담기고 표출되는 것. 따라서 나의 성격을 비운다는 것은 나의 그릇에 담긴 내용물을 비운다는 것. 비워진 자리에 무언가를 채운다고 해봐야 그릇 모양대로 채워지는 것. 그렇다면 이것은 완벽히 나를 비운 것이 아니라 성격의 골상은 유지한 채 내용물만 바꾼다는 것 아닌가. 그렇다면 이것은 나의 성격을 비웠다고 하기 힘든 것 아닌가.

이런 한계는 내가 아무리 나를 비우려 해도 전적으로 완벽하게 비워지지 않는다는 의미로 받아들이자. 즉 아무리 나의 성격을 비운다고 해도 골상은 유지된 채 살만 조금 바뀌는 것과 다르지 않을지 모른다. 그렇다고 이것이 무의미한 결과이기만 한 것인가 했을 때, 또 그렇지도 않을 것이다. 나의 성격을 전적으로 비우지는 못해도 일부라도 비워지는 자리에 다른 성격이 일부 들어서면서 새로운 내가 탄생하는 것 아닐까. 굳이 나라고 얘기할 수밖에 없더라도 아무튼 새로운 인물이 탄생하는 것 아닐까.

배우가 배역을 위해 자신을 밑바닥까지 다 비워내지 못하더라도 비워낼 수 있는 데까지 비워낸 자리에 새로운 배역의 성격이 들어설 수 있고, 그렇게 기존의 나의 성격과 새로운 배역의 성격이 화학적으로 결합된 자리에서 새로운 인물이 탄생하는 것 아닐까. 새로운 인물뿐만 아니라 새로운 사건과 새로운 세계가 펼쳐지는 것 아닐까.

그래서 먼저 나의 성격을 보자. 나의 육체가 아니라, 아니 나의 육체와 긴밀하게 연결된 나의 성격을 보자. 나의 내장까지 포함한 나의 육체와 긴밀하게 연결된 나의 기질을 보자. 어떻게 생겼는지 보

자. 어떻게 생겼는지 보기 위해서는 어떤 식으로 어떤 과정을 동반하며 볼 것인지에 대한 사유가 필요하다.

이때 필요한 것이 나의 마음을 받아주는 어떤 대상으로서의 사물일까? 가령 연기나 먼지 같은 사물에 기대어, 그것을 관찰하고 사유하고 발화하면서 나의 성격과 기질을 들여다보는 것이 될까? 또한 그 사물에 기대어 나의 성격을 비우고 비운 자리 그대로 다른 성격을 채우는 과정을 하는 작업이 될까? 그 사물이 만약 먼지라면, 먼지를 보는 나의 변천사가 되는 것일까? 그래서 똑같은 먼지도 글이 진행되면서 다른 성격의 먼지로 변해가는 작업이 되는 걸까? 덧없음과 뿌리 없음의 사유 대상이던 먼지가, 덧없음과 뿌리 없음으로 표현되는 나의 성격을 이미지로 받아주던 먼지가, 그러한 이미지를 비우면서 다른 이미지로 채워가는 작업이 되는 걸까?

시인의 마음

어느 문예지에서 청탁받은 코너 제목이 '시인의 마음'이다. 내가 요즘 짬짬이 마음을 두는 곳도 하필이면 '마음'이다. 마음이란 건 있다. 분명히 있는데 붙잡을 수가 없다. 붙잡아서 어디다 보기 좋게 세워둘 수도 없다. 마음은 동상이 아니니까. 마음을 모아서 견고한 마음으로 세워놓은 동상도 결국에는 동상이다. 세워놓은 동상. 무너지는 마음. 무너지는 마음처럼 쓰러지는 동상은 봤어도 마음이 무너지거나 쓰러지는 것은 여태 못 봤다. 볼 수가 없는 것. 그것이 마음인가? 그것이 마음이라면 마음은 어떻게 있는가? 분명히 있다고 했는데, 그 말은 누가 했는가? 누구라도 했을 그 말을 주워 담아서 잔뜩 쌓아

둔 곳에도 마음은 없다. 마음은 형상이 없다. 색깔도 없다. 색깔이 있다면 그림이라도 그렸을 것이다. 형상을 지운 색으로 마음을 표현했을 것이다. 반세기 전 마크 로스코 Mark Rothko가 이미 했던 것처럼.

마음은 실체가 없다. '그것'이 실체가 없는 것처럼. 마음은 증거가 없다. 그것이 그것에 관한 모든 증언을 허구로 만들어버리는 것처럼. 마음은 진리가 안 된다. 연구에 연구를 거듭하더라도 미지의 여분을 남기는 그것처럼. 여분의 미지를 각오할 수밖에 없는 그것에 대한 탐구는 그리하여 마음대로 그려내고 싶은 대상이자 마음대로 그려지지 않는 또 하나의 주체다. 그것은 마음대로 움직이지 않는다. 내 마음대로 고정되지도 않는다. 그것은 그것 마음대로 있는 것 같다. 그것 마음대로 세상을 활보하는 것 같다. 그것 마음대로 나타났다가 사라지는 그 무엇을 다시 마음이라고 부르면서 하루가 간다.

어제는 일찍 잠들었다. 마음을 생각하다가. 오늘은 늦게 일어났다. 마음을 생각하면서. 저 또한 증명할 길 없는 마음의 말이지만, 잠에서 깨면서 생각하는 것이 또 마음이다. 마음을 생각하고 있고 마음이 생각하고 있다. 마음을 생각하는 마음. 마음이 생각하는 마음. 생각에 생각을 거듭하다가 중단하지만 마음은 중단되지 않는다. 마음은 다른 마음으로 기막히게 몸을 바꾸면서 다시 마음을 불러일으킨다. 마음은 죽지 않는다. 마음은 사라지지도 않는다. 어딘가에 있다. 다만 마음대로 불러낼 수 없을 뿐. 제 마음대로 흘러나올 뿐. 마음은 마음이 주인인데, 왜 형상도 색깔도 없는 그것을 또 붙잡고 늘어지는 내가 있을까? 내가 마음일까? 나는 몸이기도 한데, 마음과는 얼마나 다르고 또 같은지 생각해 볼 여지도 없이 마음은 다음 장면을 궁리한다. 다음 문장을 고심한다.

나는 듣고만 있다. 오직 신의 말을 따르려고 했던 고대인들과 마찬가지로 부지불식간에 튀어나오는 목소리를 들으려고 노력하는 사람. 그가 시인이라면 시인의 마음은 온통 타인의 목소리로 흘러넘치는 공간이겠지만, 그 공간이 결국엔 마음이라면, 누군가의 마음이라면 마음은 비어 있는 무엇이자 꽉 차 있는 무엇으로 나를 움직이는 무엇일 것이다. 마음은 무엇이다. 마음은 그것이고 마음은 그래서 이 공간에 없다. 저 공간에도 없다. 마음은 어디에도 없다. 마음이 공간이므로. 어디서부터 어디까지가 마음인지 마음은 모른다. 공간도 모른다. 당신은 아는가? 나는 모른다. 그 마음의 현재를. 다음을. 앞으로도 모르는 채로 마음은 글을 쓴다. 이 글처럼 문득 마치는 때가 올 것이다.

우리가 마음 대신 보는 것들

마음은 안 보이는 것이다. 보인다면 보이는 것으로 얘기할 수 있겠지만, 마음은 계속 안 보이는 것이다. 안 보이는데 보이는 것처럼 말하는 것. 보이는 것으로 바꿔 말하는 것. 모두 수사의 영역이고 표현의 영역이고 그래서 말의 영역에서나 마음은 보일 수도 있는 것으로 둔갑하지만, 마음은 원래부터 안 보이는 것이다. 그리고 알 수 없는 것이다. 타인의 마음은 물론이고 내 마음도 정확히 어떤 마음인지, 정확히 어떤 상태에 있고 어떤 상태를 지나고 있는지 우선은 나부터가 모르겠다.

　이런 생각을 하는 것도 마음의 일이니 내 마음을 내 마음이 모르는 형국에서 다시 말한다. 내 마음이 내 마음을 모르는 채로 다시 내 마음에 대해 말한다. 내 마음이 무어라고 하는지 일단은 듣고 본다. 듣고 봐도 그걸 모르겠을 때, 알더라도 그 말을 못 믿겠을 때, 내 마음은 그럼 무엇을 보아야 하는가? 무엇을 보고 무엇을 얘기해야 하는가? 마음은 이마저도 명확하게 답변해주지 않는다. 이것을 보라고 했다가 금방 저것을 보라고도 한다. 저것을 보라고 한 것이 불과 몇 초 전인데 또 다른 것을 들이밀고 있는 것이 마음이다. 내 마음은 내 마음이 아닌 것처럼 제 마음대로 있다. 제멋대로 움직이고 제멋대로 돌아다니고 제멋대로 결정까지 한다. 스스로도 그 결정을 확신할 수 없다는 듯이 확정한다. 그래서 내 마음은 이렇게 결정이 나고 확정이 되고 그래서 이렇게 마지못해 튀어나오는 말도 있을 것이다. 다급하게 튀어나오는 말도 있을 것이다. 그게 무슨 말이냐고? 그게 무슨 말이든 내 말은 그게 아니다. 내 마음도 그게 아니다. 아니라는 말만 부득이, 계속해서 쏟아내고 있는 말. 아니 마음.

 마음은 안 보이는 것이고 그래서 아닌 것이다. 그것이 무엇이든 그것이 아닌 것이다. 무엇이든 그것이 아니라면 마음은 마음을 보여주기를 포기하고, 그 전에 먼저 마음을 보는 것을 포기하고 다른 무엇을 보는 것으로, 나아가 보여주는 것으로 대신할 수도 있겠다. 보는 것이든 보여주는 것이든 그 또한 마음의 소관이겠지만, 그럼에도 마음 대신 보여줄 수 있는 것을 찾다 보니 눈에 띄는 것이 있다. 눈에 들어오는 것이 있다. 그게 무엇일까? 사실상 전부다. 눈에 띄는 전부고 눈에 들어오는 전부다.

물건

마음을 얘기하지 말고 물건을 얘기하라. 물건과 교환되는 돈을 차라리 얘기하라. 돈으로 환산될 수 없는 마음을 얘기할 바에야 아무 가치도 없는 길바닥의 돌을 얘기하라. 담배꽁초라도 얘기하라. 둘러보면 온통 쓰레기인데 쓰레기라도 얘기하라. 얘기하지 못하면 마음도 없으니 얘기하라. 마음 말고 그 물건을. 그 물건의 내력과 기원까지는 말고 그 물건의 지금을. 눈앞에 놓인 그 쓰레기의 냄새 나는 형상을. 볼품없는 앞날을. 누가 치워가도 치워갈 그 쓰레기의 쓰레기일 수밖에 없는 운명을. 그게 잘못되었는가. 그게 마음 아픈가. 물건은 아프다. 물건은 마음이 없고 생각이 없고 웃음도 없고 울음도 없이 아프다. 그 물건이 아프다고 말하는 자의 마음은 잊어라. 마음을 잊고 쓰라. 인간을 잊고 쓰라. 무엇이라도 쓰라. 물건이면 된다. 물건이 아니면 물건과 교환되는 돈이라도 쓰라. 물 쓰듯이 쓰라. 인간만 아니면 된다. 마음만 아니어도 된다. 그것들이 문제였으니. 그것들이 물건이었으니. 물건 하나 나왔다고 치켜세우는 그 인간의 마음도 물건이었다.

내 마음이 어떤 마음인가요?
- 어느 강의계획서에서

마음은 참 이상한 세계입니다. 누구에게나 있는 것이 마음일 텐데, 그 마음을 정확히 알고 정확히 말할 수 있는 사람이 얼마나 될까요? 아마도 없을 겁니다. 있다면 인공의 마음이겠지요. 인공의 지능에서 나오는 마음이겠지요. 우리는 인간이라서 인간을 모르고 인간의 마음을 모르고 무엇보다 나 자신의 마음을 모릅니다. 누구보다 나의 마음을 모르겠습니다.

모르는데도 우리는 마음을 가지고 무언가를 합니다. 말을 하고 일을 하고 사람을 만나고 또 이별을 합니다. 사랑하는 것도 증오하는 것도 분노하는 것도 슬퍼하는 것도 모두 마음의 일일 텐데, 그것이 어째서 생겨나고 어떻게 움직이는지 아는 사람이 얼마나 될까요? 아마도 없을 겁니다. 있다면 그는 사람이 아닐 겁니다. 우리는 사람이라서 다시 마음을 모르고, 모르는 채로 또 씁니다. 무언가를 쓰면서 마음을 표현하고자 합니다. 마음의 작동 원리를 모르는데도 작동되는 대로 무언가를 쓰고 읽고 다듬고 더듬고 더듬다가 실패도 합니다.

성공보다 실패가 훨씬 많은데도, 사실상 전부가 실패라고 해도 과언이 아닐 텐데, 우리는 왜 마음을 표현하고자 할까요? 이건 아무래도 마음에게 물어볼 일입니다. 마음이 대답해줍니다. 마음이 질문한 것을 그야말로 마음답게, 마음대로 그때그때 바꿔가며 대답을 해줍니다. 하나의 답이 없다는 것만 확인하고 우리는 돌아옵니다. 마음 앞에서 마음을 거두고 마음이 시키는 대로 다시 질문을 이어갑니다.

    마음은 아무래도 마음만으로는 답을 못 구할 것 같습니다. 마음만으로는 마음만큼이나 막막한 답변밖에 못 얻을 것 같습니다. 그래서 우리가 찾는 것, 그때마다 우리가 찾는 것이 있습니다. 바로 마음을 받아주는 대상입니다. 우리는 마음을 말하지 못해서 대상을 말합니다. 바깥의 대상에 기대어 내면의 무언가를 말합니다. 바깥이 없으면 안이 없는 것과 마찬가지로 대상이 없으면 마음도 없는 것처럼 텅 비어버리는 지경을, 우리는 엇비슷하게나마 체험해볼 때도 있습니다. 드물게나마 정말로 체험할 수도 있는 그 지경까지 가보지 않더라도 내면은 항상 외면을 찾습니다. 마음은 항상 마음을 받아주는 대상을 찾아서, 대상에 기대어 말합니다.

    가령, '슬프다'라는 말도 '슬프다'에 상응하는 마음이 있어 나오는 말일 텐데, 나의 마음이 과연 '슬프다'라는 한마디로 다 드러날 수 있을까요? 울적하고 괴롭고 아프고 눈물이 나오려고 하는 나의 어떤 상태를 담아내기에 '슬프다'는 너무 비좁습니다. 너무 부족합니다. 턱없이 모자라고 한없이 답답해질 때, 우리는 '슬프다'라는 말 말고 다른 것을 찾습니다. 다른 것을 찾아서 다른 식으로 표현하고자 합니다. 이때 동원되는 것이 바깥의 대상입니다. 내면의 어떤 상태를 바깥의 어떤 대상에 기대어 표현하는 것, 어쩌면 모든 예술의 시작이자 시의 시작일지도 모르는 그것을 충실히 수행하기 위해서도 다시 필요한 것이 마음 더듬기이고 그 마음을 받아주는 대상 찾기일 것입니다. 마음을 위해서도 대상은 꼭 있어야 하고, 시를 위해서도 대상을 찾아서 거기에 기대는 시간이 꼭 필요합니다.

내 마음이 어떤 마음인지 궁금하다면 마음에게 물어볼 일이 아니라 그 마음 앞에 놓인 대상에게 물어볼 일입니다. 그 마음이 찾는 대상에게서 희미하게도 답을 들어보는 시간이, 어쩌면 우리가 시를 쓰는 시간인지도 모르겠습니다.

내가 마지막으로 보는 것들

오늘 마지막으로 본 것이 무엇일까? 전부 다. 그래 전부 다 마지막으로 본 것들이다. 산책길에 보았던 개와 그 개를 산책시키던 사람도 다시 볼 수 있는 기약을 할 수 없으니 마지막이다. 마지막으로 본 것이다.

*

무엇이든 누구든 그리고 그곳이 어디든 다시 볼 거라는 기약을 할 수 있는 것이 얼마나 될까? 지금 보고 있는 것을 다시 볼 수 있을 거라고 확신할 수 있는 것이 얼마나 될까? 사실상 없다. 없다고 봐야 한다. 언제 한번 보자는 말은 언제라도 볼 수 있는 것을 전제로 한 밑도 끝도 없는 약속이지만, 언제 다시 볼지 볼 수나 있을지 장담할 수 없는 것이 인생이다.

*

눈앞에는 늘 내가 마지막으로 본 것들이 남아 있다. 한 번 본 것은 한 번 본 채로 지나가기 마련인데, 남아 있다니. 내가 눈을 감아도 남아 있는 것들. 내가 마지막으로 본 것들 아니면 내가 마지막으로 보는 것들이 남아 있다.

*

지금 보는 것을 마치 마지막으로 보는 것처럼 보려는 것은, 속절없이 흘러가는 시간의 흐름을, 시간의 흐름 속에 떠밀려가는 어떤 사물을, 장면을, 사건을 잠깐이라도 멈춰 세우고 보려는 것과 같다. 마지막으로 보게 되는 것에는 언제나 한 번이라도 다시 보려는 시선이 동반된다.

*

처음 보듯이 봐야 새롭게 보이고, 마지막으로 보듯이 봐야 감정이 생긴다. 없던 감정도 생긴다. 있던 감정도 잊으면 그만이다. 잊고 있던 감정을 없는 듯이 없었던 듯이 되살려내기 위해서도 마지막으로 보듯이 봐야 한다. 무엇을? 마지막이다. 당신 눈앞에 펼쳐지는 모든 것이 언젠가는 마지막이다. 지금부터 마지막이다. 아니라고 자신할 수 있는 물건이 있을까? 사람이 있을까? 아무도 없고 아무것도 없는 지경이 오지 않는 이는 없다. 언젠가는 온다. 마지막으로 봐야 하는 순간. 처음 보듯이 신기해할 틈도 없이 마지막은 간다. 언제나 간다. 그 마지막을 붙들려고 눈앞의 휴지도 보고, 선풍기 바람에 흔들리는 두루마리 휴지의 끄트머리도 보고, 저기서 더 무엇을 마지막으로 보아야 할지 생각하다 보면 흔들린다. 선풍기 바람을 따라서, 고개를 좌우로 젓는 선풍기 바람을 따라서 미세하게 흔들렸다가 심하게 흔들렸다가 잠시 멈추기도 하는 두루마리 휴지의 끄트머리가 예사로 보이지 않을 때, 예사로 보이는 일조차 예사로 보이지 않을 때, 나는 본다. 내 시선이 보고 내 생각이 본다. 쉬지 않고 본다. 다른 것을 볼 때까지 본다. 그것을, 흔들리다가 멈추다가 또 흔들리는 두루마리 휴지의 미세한 움직임과 정지를 본다. 정지는 순간이고 흔들림도 순간이고 순간이 모여서 지금은 어떤 상태인가? 내 마음을 알 길 없듯이 시간은 정지해 있고 멈춰 있고 그 와중에도 움직이는 것. 그것이 시간이라면 나는 무얼 붙들어야 마땅할까? 마지막이라고 생각하고 본다. 마지막을 붙들고 본다. 이 생각의 마지막을.

*

　　내가 마지막으로 본 것들이라고 하니 온통 내가 마지막으로 본 것투성이다. 내가 난생처음 보는 사물도 앞으로 언제 다시 볼 거라는 기약을 할 수 없기에 처음 보는 그 순간이 곧바로 마지막으로 보는 그 순간이다. 처음 보는 순간이 마지막으로 보는 순간과 맞물리고 자주 보는 광경도 마지막으로 보는 광경과 다르지 않고 심지어 한 번도 보지 못한 풍경조차 그것을 가상으로 떠올리는 순간 그것은 마지막으로 보는 풍경이 된다. 영원히 사는 것을 보장받지 못하고 그래서 무엇이든 영원히 보는 것을 보장받지 못하고 그래서 모든 것이 지금 보는 이 순간만 보장하면서 등장한다면 그것은 모조리 마지막으로 보는 것과 같다. 나는 처음 보면서 마지막으로 본다. 나는 마지막으로 보면서 처음 보는 것처럼 유심히 본다. 앞으로 언제 다시 볼지 알 수 없기 때문에, 그것이 정말로 마지막으로 보는 순간일지도 모르기 때문에 한 번 보고 말 것을 다시 보고 생각한다. 애틋함이 아니 배어 나올 수 없는 순간이다. 자주 보아왔던 것도 가끔 보아왔던 것도 언제 보았는지 모르게 문득 다시 보면서 생각이 나는 것도 모조리 마지막으로 보는 듯이 볼 수 있다. 마지막으로 느끼는 듯이 느낄 수 있다.

*

내 옆에는 지금 물 건너온 천 가방이 하나 있다. 에코백이라고도 부르는 가방. 만난 지 이틀이 된 가방. 만나서 곧바로 내 방으로 옮겨와서 쌓여 있는 책더미 위에 대기하고 있는 천 가방이자 에코백. 어디에 모셔 두어야 할지, 어떤 용도로 써야 할지, 쓰지 않는다면 어떻게 보기 좋게 보관해 두어야 할지, 이런 것들을 미처 생각지도 못한 채 책더미 위에 두고 있다. 잠깐 뉘어두고 있다. 천 가방에는 토끼 한 마리가 그려져 있다. 토끼는 토낀데, 셔츠와 재킷으로 상의를 잘 차려입고, 왼쪽 겨드랑이에는 장우산을 끼고 있고, 오른손으로는 회중시계를 들고서 빤히 들여다보고 있는 토끼. 상의를 잘 차려입은 대신 하의는 실종이다. 마치 '곰돌이 푸'처럼 하의 없이 상의만 입은 토끼. 그래, 『이상한 나라의 앨리스』에 나오는 토끼, 바로 그 토끼다. 아닌가? 아닐 수도 있다. 갈수록 떨어지는 내 기억력을 누구보다 내가 먼저 못 믿겠다. 그래도 일단은 『이상한 나라의 앨리스』에 나왔던 토끼라고 믿어본다. 인터넷에 검색을 해보면 금방 알 수 있는 것도 일단은 미뤄두면서 계속 얘기한다. 상의만 잘 차려입은 토끼가 그려진 저 가방은 물 건너온 가방이다. 영국에서 건너온 가방이다. 물 건너온 지 불과 한 달도 안 된 가방이다. 여러 출판사의 편집자 중에서 가장 오래 친분을 쌓아온 이가 선물한 가방이다. 그는 얼마 전 영국을 다녀왔다. 다녀오면서 선물로 구해온 저 천 가방을 본다. 고개를 돌리고 오른편의 책더미를 덮고서 누워 있는 천 가방. 뒤집어서 보니 'I SHALL BE TOO LATE'라고 적혀 있다. 저 문구 위에는 아까 토끼가 들여다본 것과 유사하게 생긴, 그러면서 크게 확대해 놓은 회중시계가 그려져 있다. 분침과 시침을 보니 8시 18분경을 가리키고 있다. 노트북 오른쪽 하단 구석에는 '오후 11:50'이라고 쓰여 있다. 막 '오후 11:51'로 바뀌었다. 동거인은 오늘 처음 보는 친구를 만나러 나가서 여태 들어오지 않고 있다. 나 오늘 늦을지도 몰라. 이런 말도 하지 않았는데 늦고 있다. 지나치게 늦고 있다. 언제 들어올지는 알 수 없다. 물어봐야 확실하지도 않은 답변이 돌아올 것이다.

*

　내가 입술을 대었던 컵에는 물이 담겨 있다. 두어 시간 전에는 커피가 담겨 있었다. 그보다 몇 시간 전에는 또 물이 담겨 있었다. 그러니까 물과 커피와 다시 물을 똑같은 컵으로 바꿔가면서 마셨던 셈이다. 지금은 물이 담겨 있다.

*

마지막으로 볼 것처럼 본다고 해서 특별할 것은 없다. 특별히 달라질 것도 없다. 다만 한 방울 물방울 같은 감정이 스며든다. 어떤 감정일까? 혹은 어떤 의미가 담긴 감정일까?

*

처음이라서 무서웠고 마지막일까 봐 두려웠다. 그것이 처음이라면 그것은 언제나 마지막이기도 했으므로, 어떤 사건이든 처음 맞이하는 것이면서 마지막으로 겪는 것이었다. 같은 일은 다시 일어나지 않는다. 똑같은 일은 두 번 다시 일어나지 않으면서 우리에게 처음으로 찾아온다. 처음의 자격을 가지며 찾아오는 그것을 두 번 다시 만날 수 없는 그것을 우리는 마지막으로 체험한다. 따라서 마지막일까 봐 두려워하는 것은 불필요한 일이다. 우리는 늘 마지막이었다.

쓰고 있는 것들, 쓰고자 하는 것들

그늘 한 방울이면 충분하다. 더 어두울 필요도 없고 더 밝아야 할 이유도 없다. 기본적으로는 밝았으면 한다. 맑았으면 하고 빛났으면 하고 또 천진했으면 한다. 신나거나 즐겁지는 못해도 기본적으로 화평했으면 한다. 그래도 그럼에도 어쩔 수 없는 그늘이 있어 시를 썼으면 한다. 많이는 말고 전혀 없는 것도 아닌 딱 한 방울 정도의 그늘만 있었으면 한다. 너무 많은 그늘은 어둠이고 힘들다. 너무 없는 그늘도 가짜 같아서 싫다. 그늘은 있다. 그늘이 있어서 삶이 있고 웃음이 있고 울음도 있고 또 뭐라도 있을 거라고 믿으면서 그늘을 본다. 딱 한 방울 떨어질 때까지 본다. 반대로 너무 많은 그늘에 잠겨 있으면 한 방울이 될 때까지 기다린다. 그늘 한 방울이 될 때까지, 그늘 한 방울 나올 때까지 기다리는 연습이 또 시가 되어가는 과정이면서 삶과 맞닿아 있는 시 자체가 아닐까 싶다.

*

배경음악 같은 시를 쓰고 싶다. 억지로 집중하게 하거나 기어이

집중하게 하는 시가 아니라 그냥 흘러가는 대로 두어버리는 시. 억지로든 기어이든 머무르게 하지 않고 스윽 지나가듯이 지나가는 시. 그런데 이상하게 잔상이 남는 시. 기억에 맺히듯이가 아니라 스미듯이 파고들다가 문득 생각나는 시. 그런 시가 쓰고 싶다. 그러려면 대상에 대해 집중하게 하는 시가 아니라 대상이 뭐였는지조차 가물가물하게 하는 시. 대상이 아니라 대상을 둘러싼 어떤 정황이나 기운이 생각나게 하는 시. 그러기 위해서도 새삼 대상에 집중해서 쓰는 것이 아니라 대상을 흘려보내듯이 떠내려 보내듯이 써나가는 시가 되어야 한다. 대상보다 대상을 둘러싼 정황이나 대상 주변의 어떤 기운에 더 빠져들어서 써야 한다. 별 하나에 집중하게 하는 시가 아니라 별 주변을 둘러싼 별무리 같은 것에 더 관심을 두고 써나가는 시. 벤야민이 말한 성좌 형세를 이루는 것과도 거리가 먼 시. 성좌 형세도 잠깐은 집중하게 만드는 효과를 만드니까. 그냥 별이 있었는지 없었는지도 모르게 별 주변을 떠올리게 하는 시. 그런 시를 쓰고 싶다.

*

불쑥 끼어들어서 얘기하기.
　자 이제부터 얘기 좀 할게, 하고서 판을 깔듯이 이야기를 벌여놓는 것이 아니라, 어느 순간에, 어느 순간이고 할 것 없이, 불쑥하고 끼어들어서 몇 마디 하는 것.
　몇 마디도 길다. 한마디만 하겠다는 생각으로 끼어드는 것.
　한마디만 하자니 많은 말을 할 틈이 없다. 뒤에 가서 본론을 얘기하겠다는 계획도 없다. 가장 하고 싶은 말부터, 가장 들려주고 싶은 얘기와 가장 보여주고 싶은 장면부터 먼저 시작하는 것. 나중은 없다. 나중은 나중 얘기다.

지금 이 순간. 끼어드는 순간이 중요하다. 끼어들어서 한마디라도 분명하게 던져놓는 것이 중요하다.

다른 것은 필요 없다. 다른 것은 다른 곳에서 말하자. 나중 얘기는 나중에 얘기하자. 지금은 이것만 말하자. 이것만 말하자는 생각으로 다시 끼어드는 것. 끼어들어서 무슨 말이고 잠깐이라도 뱉어놓는 것. 대단한 것이 아니어도 좋다. 대단한 것은 나중에 말하자.

지금 필요한 것은 지금이다. 지금 말할 수밖에 없는 지금이다. 이걸 놓치면 안 된다는 생각으로 다시 끼어드는 것. 대단해서가 아니라 지금이라서 말하는 것.

그것이 시다. 그것이 시일까? 아니더라도 좋다는 생각으로 한마디만 한다. 한마디만 하자는 생각으로 또 이렇게 말이 길어져 버렸다.

나 없는 세상에서 글쓰기

나 없는 세상에서 누가 담배를 피우고 있다. 나 없는 세상에서 누가 담배를 피우는가? 그 전에 먼저 나 없는 세상에서 누가 담배를 피우는 걸 누가 목격하고 누가 말하는가? 나 없는 세상은 이런 식의 질문을 담아낼 이유도 여력도 없는 세상인데, 나라는 하나의 사물이자 사건이자 조건이 사라진다면 이 모든 질문이 무위에 그치고 마는데, 허사가 되고 마는데, 나는 왜 나 없는 세상을 말하려 하는가? 누가 나 없는 세상을 말하려 하는가? 어느 누가 나 없는 세상에서 나 없는 글쓰기를 하려 드는가?

그곳에서는 내가 남긴 말이 말하고 있을지도 모르겠다. 물론 누군가의 입을 통해서. 그곳에서는 내가 남긴 글이 또 다른 글을 쓰고 있을지도 모른다. 물론 누군가의 수고를 통해서. 즐거움을 동반한 글쓰기. 그래서 자청하는 글쓰기가 아니더라도 누군가는 반드시 해야만 하는 글쓰기를 남겨놓은 글쓰기. 그것 때문에 나 없는 세상의 글쓰기는 가능한가? 나 없는 세상에서 글쓰기는 가능해지는가? 가까스로 존재하고 생성되고 결국에는 사멸해갈 글쓰기를 나 없는 세상에서 미리 엿보는 것. 미리 엿보도록 장치를 마련하는 것. 나를 죽여라.

그는 이런 말을 남긴 적이 있습니다. 정확하지는 않지만 이 비슷한 말을 남긴 적이 있지요. 나는 언젠가 존재하지 않을 사람이라고. 나는 언젠가 이곳에 없을 사람이고 없어질 운명이고 이곳에서 없어지는 그 운명을 각오해야 하는 사람이라고. 사람이니까 남겨놓은 그 말을 이어받아서 그는 정말 없어졌습니다. 정말 없어졌다면 남는 것은 그의 말인데, 그의 글이고 그의 시여야 할 테지만, 그걸로는 그 스스로 글도 쓰고 시도 쓰는 일이 벌어지지 않을 겁니다. 그를 제외한 글쓰기. 글 쓰는 자신이 완전히 배제되어 버린 글쓰기. 신문 기사보다도 더 냉랭한, 더 냉정한, 더 냉담한 글쓰기의 주체로서 그는 사라집니다. 사라져야 마땅합니다. 나 없는 세상에서 글쓰기가 이루어지려면.

그럼 이렇게 생각해봅시다. 글쓰기를 하는 그가 일종의 합류지라고. 여러 사건, 수많은 사건, 이루 헤아릴 수 없는 이 모든 사건의 합류지로서 그가 존재하고 거기서부터 또 다른 사건들이 벌어지고 탄생하고 뻗어나가는 것. 그런 작용을 위해서 존재하는 것. 그런 작용에 의해서 생성되는 것. 그것을 나라고 합시다. 나라고 치면 그러한 내가 빠진 공간에서 어떤 일이 벌어질까요? 가령, 사건 A와 사건 B가 합류되어 또 다른 사건 C와 D가 생성되는 그 자리 그 자체를 나라고 한다면, 내가 사라진 자리에서 모든 사건은 거의 그대로 관통해버리는 일이 벌어지지 않을까요? 나로 인해 왜곡되고 변형되고 심지어 창조된다고 여겨지는 많은 사건의 굴곡과 변형과 창조가 거의 투명한 유리를 통과하는, 곧바로 투과되어버리는 일. 그것이 나 없는 세상의 사건에게 벌어지는 일이 아닐까요? 내가 있음으로 해서 뒤틀리는 사건이 내가 없음으로 해서 더는 뒤틀리지 않고 투과해버리는 일. 설사 뒤틀리더라도 적어도 나로 인한 뒤틀림은 아닐 뒤틀림. 적어도 내가 존재하는 것으로 해서 뒤틀리는 것은 아닌 뒤틀림. 그러한 뒤틀림의 방식으로 기술하는 글. 글쓰기. 그것이 나 없는 세상의 글쓰기가 아닐까요? 일련의 사건은 나라는 사건을 통과하지 않는 사건이 됩니다. 저 멀리서 날아오는 공이 나라는 공과 부딪치면서 방향을 바꾸는 것이 아니라 곧장 그대로 날아가거나 아니면 다른 사물에 부딪혀 방향을 바꾸는 사태.

여기서 나는 사물이자 사건이어야 합니다. 고정된 사물이 아니라 변해가는 사물. 그래서 사건. 사건으로 수렴될 수밖에 없는 이 사물이 없어진 자리에서 다른 사건들은 이 사건의 빈자리를 재빠르게 그리고 지속적으로 메우려 듭니다. 마치 상처가 아물려면 상처를 없애버리고 들어서는 다른 살이 있어야 하듯이.

그렇다면 나 없는 세상의 글쓰기에 대한 상상은 나의 생각이든 판단이든 이 모든 개입이 극소화되는 것을 상상하는 일과 다르지 않을 겁니다. 사물은 들어왔다가 나를 통해서 다른 사물이 되어 나갑니다. 나를 지우면서 사물은 들어왔다가 나와 무관한 사태로 빠져나갑니다.

가령, 문밖에서 누군가 나를 찾는 소리가 들립니다. 이 소리를 듣는 자는 이 글쓰기에서 우선 나여야 하지만, 그 소리를 듣는 내가 없다면 누가 듣고 있을까요? 아무튼 소리는 들립니다. 소리는 일어납니다. 누군가 나를 찾는 소리. 그 소리의 임자는 몇 번을 소리 내고도 그 소리에 반응하는 소리가 들리지 않자 방문을 노크하고 노크하고도 모자라서 마침내 문을 열고 아무도 없는 것을 확인하고 나갑니다. 내가 있었다면 다른 일이 벌어졌겠지요. 왜 불러도 대답이 없냐고. 그러나 내가 없으므로 왜 없지? 아니면 아무도 없다는 사실만 확인하고 나갑니다. 이 방에는 이미 다른 사람이 있습니다. 나 없는 세상에서 글쓰기를 행하는 자.

이 방에 있는 담배와 라이터와 재떨이는 내가 없다면 누가 대신 치워줄 때까지 그 자리 그대로 있을 겁니다. 천재지변이 일어나서 이 방이 와르르 무너지는 사태가 벌어지지 않는다면 그 자리 그대로 붙어서 누군가의 손길을 기다린다고 봐야 옳겠지요. 물론 사물은 기다리지 않습니다. 어떤 사물도 감정이 이입되지 않고선 그냥 사물입니다.

누가 나에게 욕을 하고 있는데요, 나는 그것을 여러 번 들었습니다. 반응하는 입장이 못 되기 때문에 그것은 그대로 투과됩니다. 욕에 대한 반응. 욕을 듣는 당사자로서 마땅히 행해야 할 반응이 그대로 투과되는 방식 말고는 더는 없는 것 같습니다.

시선만 남은 사람의 가장 큰 권력은 다름 아닌 시선입니다. 시선이 남아 있는 한 그의 권력은 결코 사멸하지 않습니다. 나 없는 세상의 글쓰기도 결국에는 마지막에 지울 수 없는 것이 시선이고 그 시선에서 비롯되는 입장이고 말하기고 글쓰기고 그래서 그것은 어지간한 권력을 대놓고 행사하는 것 이상으로 강력한 권력입니다. 극소화된 화자에게도 시선은 남습니다. 마지막에 남은 시선이 오히려 더 무섭습니다. 그렇다면 왜 나 없는 세상의 글쓰기를 하는 걸까요? 자신의 시선을 보기 위함이고 결국 나를 보기 위함입니다.

    시선 없는 자아의 말: 여기가 어디지? 나는 누구지? 혹은 이건 뭐지?(아마도 이것이 마지막 생각 아닐까?)

    나 없는 세상의 글쓰기는 결국 내 시선만 남은 글쓰기와 다르지 않다. 모든 사건이 나를 그대로 통과하더라도 남는 것은 나의 시선. 그 시선이 말하는 사건. 사물. 결국에는 나라는 사물이자 사건으로 귀결될 세계에 대한 시선을 버릴 수 있는 글쓰기는 없다. 글쓰기 자체가 하나의 관점이다. 마찬가지로 온통 나뿐인 세상의 글쓰기가 불가능한 것 역시 타자의 시선 때문이다. 모두가 나로 귀결되더라도 마지막에 장애로 남는 것이 타자의 시선이다. 타자의 시선은 아무리 나로 포섭되더라도 내가 완전히 지배할 수 없는 미지의 시선이다. 결국에는 극대화된 자아든 극소화된 화자든 남는 것은 시선이다. 시선이 문제다. 시선이 사라지지 않는 한 세계는 유효하고 유관하고 그래서 유의미해질 수밖에 없고 무의미하고 무관한 시선은 존재할 수가 없다.

없는 몸이든 있는 몸이든 시선을 가질 수밖에 없는 몸이라면, 그런 몸을 상상할 수밖에 없다면, 몸의 세계는 어떤 시선을 가지느냐, 그 시선에 담긴 어떤 욕망을 가지느냐에 따라 몇 가지로 나누어볼 수도 있겠다. 대략 세 가지쯤 되지 않을까. 한 몸의 세계, 두 몸의 세계, 그리고 빈 몸의 세계. 한 몸과 두 몸과 빈 몸의 세계. 여러 몸의 세계에 대해 생각에 생각을 이어가다가 나온 것이 아래의 도표다.

	한 몸의 세계	두 몸의 세계	빈 몸의 세계
지배 세계	· 탄생 이전을 동경하는 세계(엄마와 한 몸) · 그러나 영원히 돌아갈 수 없는 세계 (돌아갈 수 없는 기원)	· 현실(삶)의 논리가 지배하는 세계	· 죽음 이후를 두려워하는 세계 · 그러나 언젠가는 가야 하는 세계 (반드시 가야 하는 궁극의 장소이자 종착지)
관계지향의 성격	· '나=너'가 되는 세계 · 사실상 나만 있는 세계 · 무관無關의 세계 (=관계지향의 극대 지점)	· 너와 내가 분리된 세계 · 관계의 욕망으로 들끓는 세계 · 유관有關의 세계 (=관계지향의 세계)	· 내가 없는 세계 · 사실상 아무도 없는 세계 · 무無 혹은 무관의 세계 (=관계지향의 극소 지점)
지배 이미지	아늑함	치열함, 냉혹함, 비정함	서늘함
언어 경향	· 현실 도피, 이상 동경(낭만성) · 단 하나의 의미 추구	· 현실 참여/환기 · 복수의 의미를 채우는 언어 추구	· 현실 무화 · 의미를 비우는 언어 추구

참고로 저 도표는 누군가의 시 세계를 들여다볼 때도 쓸모가 있다. 사실상 모든 시는 두 몸의 세계를 기본으로 장착하고 있다. 완전하게 현실을 떠난 시선과 욕망이 존재하지 않듯, 두 몸의 세계를 완

전히 이탈한 시 세계란 불가능하다. 다만 두 몸의 세계를 기본으로 하되, 어떤 시는 거의 전적으로 두 몸의 세계를 추구하는 반면, 어떤 시는 두 몸의 세계에서도 한 몸의 세계를 지향하는 바가 강하게 두드러지며, 또 어떤 시는 두 몸의 세계에서 빈 몸의 세계를 넘어다보는 시선을 끝내 버리지 못하는 언어로 나아간다. 즉 여러 몸의 세계에 걸쳐 있더라도 각각의 지분이 다른 몸의 세계를 보여주는 것. 그것이 누군가의 고유한 시 세계라는 점만 짚어두고 넘어가자. 다시, 없는 몸의 세계다.

없는 몸의 세계는 존재하더라도 그것을 말하기 위한 시선이 필요하며, 따라서 그것은 영원히 유예될 수밖에 없다. 온갖 상징과 상상을 동원하더라도 없는 몸(=죽음)이 되기 전에는 다다를 수 없는 실재를 그럼 왜 이야기하는가? 그것은 시선이 사라지지 않는 한 도달할 수 없는 곳이지만, 그럼에도 우리가 갈 수밖에 없는 종착지라는 점에서 우리 삶에서 결코 배제할 수 없는 조건이다. 이런 이유로 죽음을 전제하지 않는 사고는 불가능하다. 소멸을 전제로 우리는 건설적인 얘기를 할 수 있다. 어느 시인의 말마따나 윤리도 일체의 멸滅을 전제로 해서 태어나는 것 아닌가.

언어는 죽음과 구조적/기원적으로 상동성을 가진다. 죽음을 전제로 탄생한 인간의 의식은 언어화될 수밖에 없었고 그 언어는 텅 빈 실체라는 내부를 지닌다는 점에서 죽음과 구조적으로 겹친다. 유일한 차이점이 있다면 언어는 관점/시점/시선을 가진 언어일 수밖에 없고 죽음은 그러한 관점/시점/시선마저 없는 곳이라는 점. 내부가 텅 빈 언어는 관점을 동반하면서 현실의 영역을 담당하고 지배하며 상상의 영역과 실재까지 건드리는 힘을 발휘하는 것처럼 보인다. 죽음에 시선을 붙이는 순간 그것은 언어가 된다. 죽음의 언어는 삶의 언어와 마찬가지로, 그것이 언어인 이상 시선을 가진다.

여기서 실현 불가능한 가정을 해보자. '시선을 가진 죽음' 혹은 '시선이 없는 언어'. '시선을 가진' 자체가 언어이고 '시선이 없는' 자체가 죽음이라면 저 두 가정은 형용모순이다. 형용모순이 아니면 뭐라고 부를까? 아무튼 이상한 형용이고 모순이다.

시선 자체가 관계를 가진다. 시선 자체에 욕망이 투영되고 시선 자체에 권력이 동반되듯. 따라서 완벽히 무관한 세계란 시선 자체가 말소된 세계여야 하는데, 그러한 세계는 사실상 존재하지 않는다. 현실 세계에서는 모두가 유관하다. 모두가 시선을 가지고 있는 것처럼.

완벽한 죽음의 세계=몸이 없어진 세계이기도 하지만 시선이 사라진 세계=완벽한 무의미의 세계이자 무관의 세계. 김춘수도 오규원도 이승훈도 이 언저리까지 갔다가 회항했다. 회항할 수밖에 없었다.

오규원='날'이미지 추구='날'도 중요하지만 결국에는 '이미지'의 세계=시선을 동반한 세계. 그런 점에서 오규원은 엄연한 현실주의자. 너머를 보지도 않았고 추구하지도 않았고 넘보더라도 중심은 이

곳에 있었다. 이곳에서의 이미지. 시선. 다만 기존의 관념을 벗어나려는 의미에서 날이미지를 추구했고 날것의 시선을 만들고자 했다. 물론 그 또한 '날'이라는 관념을 씌운 시선이자 이미지이겠지만.

시선 자체가 없는 시가 가능할까? 물론 불가능하다. 시에서, 시선의 전부를 지울 수 없다면, 그럼 일부를 지우는 것은 가능할까? 가능할지도 모르겠다. 왜 일부라도 지워서 시선 자체가 없는 시의 일부라도 세우려는 것일까? 죽음의 일부라도 엿보기 위해서? 죽음의 일부라도 체현하기 위해서? 죽음의 일부이자 시선-없음의 일부를 형상화하기 위해서? 그럼 부분적으로 시선-없음을 동반하는 시는 어떤 시일까? 이때까지는 그것의 한 형상으로 연기나 먼지의 이미지에 집착했던 것 같다. 충분히 많은 말을 했던 것 같다. 그럼 이후는?

죽음이나 시선-없음이나 무관이나 모두 절대적인 조건의 세계다. 이쪽 아니면 저쪽의 세계이므로 그 사이에 놓인 세계는 모두 상상의 영역으로 채워졌다. 귀신, 혼령, 유령 등등. 시선도 몸도 모두 희미한 경계의 존재들. 물론 이들은 몸보다는 시선이 좀 더 강조된 산물들이다. 이에 비해 좀비는 시선보다는 몸이 훨씬 강조된 산물이다. 그들은 시선 없이, 있는 몸으로만 돌아다닌다.

건실한 삶의 영역에서 최변두리에 있는 이들의 삶-죽음의 이중적 존재 방식은 이미 익숙하게 접해왔다. 어쩌면 이들은 현실을 반영하는 한 상징으로서 존재하는지도 모르겠다.

좀비: 제 뜻(관점)과 무관하게 쉼 없이 굴러다녀야 하는 바쁜 일상

인의 세계(가령, 김기택 시에 나오는 '사무원' 같은 존재)

    유령: 자기 시선은 있으나 존재(몸)를 인정받지 못하는 외톨이의 세계(2000년대 일군의 젊은 시인들의 시에서 발견되는 세계)

    좀비는 시선 없는 몸의 세계이고 유령은 몸 없는 시선의 세계
    좀비는 오로지 반응(출력)만 있는 세계(=무입력기계)이고, 유령은 자극(입력)만 있는 세계(=무출력기계)
    (물론 영화에서는 소리에 반응하는 좀비가 제법 등장한다. 그러나 좀비가 환상의 산물이라면, 청각을 지닌 좀비 역시 영화적인 허구 아닐까. 청각만은 살려놓은 이 영화적인 좀비들의 세계에서도 시각은 거의 예외 없이 지워놓는다.)
    달리 말하면, 좀비는 눈이 없는 입의 세계이고 유령은 입이 없는 눈의 세계.

    [재발표] 좀비는 유령을 물어뜯을 수 없다. 유령은 좀비를 뜯어 말릴 수 없다. 오로지 물어뜯기만 하는 좀비를 방관할 수밖에 없다. 방관할 수밖에 없는 유령을 좀비는 의식할 수 없다. 의식한다면 좀비가 아니므로. 간섭한다면 유령이 아닌 것과 마찬가지로. 유령의 시선은 좀비를 향하지만 좀비의 이빨은 유령의 몸에 영원히 닿지 못한다. 왜냐하면 몸이 없으니까. 몸이 없는 시선, 그것이 유령이고 시선 없는 몸, 그것이 좀비이므로.

    여기서 한 가지 고민. 좀비와 유령의 존재 방식이 과연 '나 없는 세상의 글쓰기'의 한 방식이 될 수 있을까. 유령으로서의 화자는 이미 한국 시에 차고 넘쳤다. 시적으로 공략할 구석이 별로 없다는 말

이다. 그렇다면 좀비는? 거의 무주공산이다. 좀비라는 단어가 들어간 시는 제법 보았지만, 좀비의 방식으로 작동하는 시 쓰기의 현장은 거의 목격하지 못했다. 좀비의 방식으로 시 쓰기. 그것은 과연 어떤 것일까?

좀비는 우선 시선이 없다. 시선이 없으니 당연히 눈에 뵈는 게 없는 것처럼 행동한다. 그 말은 시선과 무관하게 움직이고 닥치는 대로 반응한다는 말. 그러나 시선 없는 글은 성립 불가능하고(시도 마찬가지다), 따라서 시선을 극소화한 글쓰기를 겨우 고려해볼 수 있다. 시선을 극소화한 글쓰기란 어떤 것일까? 눈앞의 것만 더듬는 세계? 눈앞의 것도 바늘구멍처럼 좁은 시야만 확보된 세계? 그리하여 눈앞의 모든 것이 점과 다름없이 보이는 세계? 이토록 좁은 세계의 글쓰기와 또 다르게, 정반대의 시선에서 나오는 글쓰기도 상상해볼 수 있겠다. 가령, 너무 넓게 보여서 어느 것도 초점을 잡을 수 없는 시선에서 나오는 글쓰기. 마치 초점을 잃은 듯한 시선에서 나오는 글쓰기나 오로지 초점 한 점만 남은 세계의 글쓰기나 둘 다 온전한 시야를 확보할 수 없다는 점에서는 동일하다. 시선이 개입될 틈이 거의 없는 글쓰기. 좀비와 다름없는 글쓰기의 사례는 상상을 넓혀가면 얼마든지 새로운 목록을 기입할 수 있다.

시선 없는 글쓰기가 대상 없는 글쓰기와 다르지 않다면, 이런 상상도 가능할 것이다. 시선을 극소화한 글쓰기는 대상을 극소화한 글쓰기이며, 대상을 극소화한 글쓰기는 단순히 대상의 덩치를 줄이는 차원이 아니라 대상의 목록을 극도로 줄이는 차원에서 구현되는 글쓰기라고 할 수 있다. 대상의 목록을 줄이고 줄여서 단 하나만 남겨놓은 글쓰기. 사물일 수도 있고 사건일 수 있고 장면일 수도 있는, 혹은 관념적인 무언가일 수도 있는 대상을 딱 하나만 남겨놓는다면 당신은 무엇을 남기겠는가? 나는 하나의 색깔을 남기고 싶다. 어떤 색이라도 좋다. 검은색이든 흰색이든 붉은색이든 파란색이든 녹색이든 아무튼 하나의 색깔만 대상으로 남겨두고 싶다.

그것이 무슨 색이든 원색의 세계는 불가능할 것이다. 현실은 잡색의 세계다. 제아무리 이상적으로 구현해도 색은 잡색의 세계를 벗어날 수 없다. 잡색의 세계에서 단 하나의 색깔을 구하는 것. 불순함의 세계에서 순수의 세계를 다시 상정하는 것. 잡다한 시선의 세계를 좁히고 좁혀서 단 하나의 시선만 남기는 것은 어떻게 해도 불가능한 작업이지만, 상상은 해볼 수 있다. 상상하고 상상하며 실패해볼 수는 있다. 중요한 것은 실패냐 성공이냐가 아닐 것이다. 실패할 수밖에 없는 그 길에서 떨어지는 부산물이 중요하다. 그 부산물이 한 예술가의 증빙 자료다. 오직 그만의 세계를 향해 갔다는 부정할 수 없는 증거로서 부산물은 다시 떠오른다. 미술관에서도 박물관에서도 책 한 권에서도 우리는 그 부산물을 보기 위해 기꺼이 비용을 지불한다. 그러니 부산물을 보러 가자. 아니면 부산물을 만들러 가자. 부산물은 불가능한 목표에서 나온다. 그러니 불가능한 목표를 만들러 가자. 나는 단 하나의 시선을 원한다. 단 하나의 색을 원한다. 불순을 다물리고 물려서 나온 순수를 원한다. 단 하나의 색이 단 하나의 시선과 만나는 불가능을 원한다. 불가능이 부산물을 만든다. 그것은 어떤 색일까? 어떤 그림이며 어떤 말이 될지는 아직 모른다. 시선도 모르기는 마찬가지일 것이다. 이때까지 본 것만 해도 몹시 피로한 눈이 잠시 쉬어가자고 말한다. 잠시라도 쉴 수가 없는 눈이 말한다. 입을 대신하여 다시 눈이 있다. 눈을 대신하여 다시 무엇이 있기를 바라는 마음으로 색을 들여다본다. 그것은 어떤 색일까? 어떤 색이어야 할까?

(여기서부터는 일시 정지다. 정지된 상태에서 일시에 움직이는 생각이 더 있을 것이다. 다시 시간을 보내야 한다. 일시 정지된 시간을. 그 시간은 또 어떤 색일까?)

제발 그쳐줘,
내가 말하는 것을

소실된 주체가 가장 강력한 주체의 역상이라면, 가장 왜소한 주체는 텍스트상에서 끊임없이 등장해서 텍스트의 주체에게 끊임없이 군말을 늘어놓는 주체일 수도 있다. 그 또한 텍스트의 주체이겠지만, 그것을 벗어나고자 하는 주체는 끊임없이 생성될 수 있다. 포섭되면 달아나고 단일해지면 갈라지는 주체로서의 군말 덩어리. 그것이 어쩌면 내가 그렇게도 원하는 소실된 주체를 가장 근접하게 대신할 수 있는 주체가 아닐까. 기껏해야 등장인물일 뿐인 주체의 말을 통제하는 주체와 탈주하는 주체 사이에서 왜소함의 극단을 향해 치닫는 주체와 그럼에도 사라지지 않는 텍스트의 주체의 권위. 이 둘 사이에서 말한다. 제발 그만 말하라고 말하면서 말한다. 입을 틀어막아도 말하고 입을 찢어버려도 말하고 입을 없애버려도 말하는 너는 그만 말하라고 말하면서 말한다. 너부터 닥치라고. 나부터 닥친다면 이 전쟁이 끝날까. 전쟁도 아닌 전투를 치르면서 명령하는 너는 명령하는 나의 말을 다소곳이 듣고 죽은 듯이 받아들이고 무릎이라도 꿇을 것처럼 복창하다가 받아쓰다가 딱 멈춘다. 멈추라는 명령도 없이 알아서 멈춘다. 멈추라는 명령도 없이 멈추는 멈춤을 계속해서 멈추다가 그대로 정지해버리는 데도 시간이 필요하고 시간이 잡아먹는 거리가 필요하고 최소한의 거리라도 있다면 너는 아직 멀었다. 도착하려면 멀었고 따라잡으려면 멀었고 결승점은 눈앞에서 눈앞으로 닿을 듯이, 닿을 듯이 멀어져가는 거북이와 토끼의 경주. 가장 빠른 자와 가장 느린 자의 이야기는 너도 들을 만큼 들었고 나도 들을 만큼 들었고 그럼에도 그치지 않는 이유를 나라고 해서 달가워할 리 없지만, 왜 말하는가. 왜 듣지도 않을 거면서 말하는가. 말하는 순간 귀가 열리는 나는 그걸 못 듣겠다. 더는 못 받아들이겠다고 말하는 너의 귀는 나의 귀에다가 키스하듯이 고백했다. 제발 그쳐줘. 내가 말하는 것을.

색깔 있는 말

색깔 있는 말이라는 게 무엇일까? 말은 말일 뿐인데, 색깔이 되는 말이란 게 또 무엇일까? 말은 색깔이 되지 못한다. 색깔을 지시할 뿐이다. 정확히 지시하지도 못하면서 지시하는 기능만 겨우 갖추고 있는 언어가 색깔 자체가 된다는 것은 어불성설이지만 그럼에도 색깔 자체가 말, 색깔 자체를 갖추고 있는 말. 파랑이라는 말이 파랑이라는 색을 지시하는 것과는 차원이 다른 파랑의 말. 흰이라는 말이 흰이라는 색을 단 한 번도 제대로 지시하지 못하는 와중에도 흰이 되어버리는 사태를 우리는 어떻게 경험할 수 있는가? 흑이라는 말이 흑이라는 색과 사실상 무관함에도 한 몸처럼 붙어서, 아니 한 몸이 되어 흑의 성질과 기질과 운명까지 다 감당해내는 것을 우리는 어떻게 상상할 수 있는가?

상상의 근원에 기억이 있다면 기억을 보자. 우선은 기억을 더듬어보자. 나에게 왔던 수많은 색깔의 기억을. 흑이든 백이든 청이든 적이든 혹은 다른 무슨 색깔이든 기억에 얹어진 그 많은 색깔을 하나하나 짚어보면서 색깔의 말을 생각한다. 말의 색깔을 생각한다. 가령, 지금 이 말의 색깔은 무슨 색이어야 할까? 말이라는 말의 색깔.

사물의 색깔도 아니고 사물을 받는 말의 색깔도 아니고 말 자체의 색깔. 순전히 말로만 이루어진 세계의 색깔과 다를 바 없는 색깔의 한 변형이자 소산으로서 존재하는 말. 그 말을 더듬어보자. 짚어보면서 넘어가보자. 넘어가기 힘들면 그 자리에서 다시 색깔을 구한다. 사실상 말을 구하는 것과 다르지 않다. 그것이 색깔의 말이라면. 말의 색깔이라면 말이다.

빨강의 말

색을 대체할 만한 언어가 있을까? 가령, 색깔 빨강을 대체할 만한 빨강의 언어가 있을까?

우리는 보통 빨강이라는 단어로 그걸 대체한다. 이 또한 색깔을 언어로 대체한 사례이지만, 명사로 받아준 것에 불과하지 않은가. 명사로 받아서 약속하고 통용하는 것에 불과하지 않은가. 불과하지만 막강한 그 약속을 새삼 저버리자는 것이 아니다. 그렇게 되지도 않는다. 빨강을 빨강으로 받는 약속과 별개로, 그것의 막강하고도 유용한 위력과 별개로, 빨강을 빨강이 아닌 다른 말로 받아주는 연습. 그것이 필요하다. 빨강을 빨강이 아닌 다른 언어로 대체하는 과정. 그것이 나의 시작이다.

그렇다고 암호가 되어서는 안 되는 일. 빨강을 아무도 알아듣지 못할 암호처럼 처리하는 일도 나의 관심사가 아니다. 빨강을 빨강으로 받지 않고 얘기하더라도 충분히 빨강이 인지되는, 느껴지는, 강렬하게 도드라지는 빨강의 인상. 그것이 빨강을 빨강으로 받지 않는 나의 빨강이어야 한다.

빨강. 피처럼 붉다는 말도 이미 있었다.

빨강. 정열이 넘치는 색이라는 말도 귀가 아프게 들었다.

빨강. 생명력이 샘솟는 색채라는 말도 더는 할 필요가 없다. 이미 있었고 충분히 있어 왔다.

빨강은 다른 말이어야 한다. 다른 말로 쏟아져야 한다. 빨강의 다른 말.

그걸 찾아서 빨강을 연습한다. 빨강이 연습하는 것처럼
붉음이 동참하는 것처럼 푸름은 결코 아닌 것처럼
그렇다고 전혀 무관한 것은 아닌 것처럼
붉음이 달려오고 빨강이 받아주고 반겨주기까지 하는 그 색의 운동과 상태를 모조리 아울러서 태어나는 말. 생성되는 말. 움직이는 말. 그 말의 빨강은 이렇게도 선연한데, 아직 안 보인다. 말이 없기 때문이다. 말이 없는 곳에서도 빨강은 있다. 미술관에 가보라. 도록이라도 펼쳐서 보라. 빨강은 천지다. 빨강은 어디에서도 볼 수 있다. 고상하게 미술을 얘기하지 않더라도 빨강은 있다. 어디에나 있는 그 빨강을, 따지고 보면 모두가 다른 그 빨강을, 어떻게 받아줄 수 있는가. 빨강이 아닌 말로. 빨강을 모르는 말로. 빨강을 잊어버리는 그 말로, 빨강은 온다. 와야 한다. 빨강이 아닌 것으로.

빨강의 전초전은 아직도 길다. 길게 남아 있다. 빨강은 함부로 빨강을 벗어나지 않는다. 빨강은 함부로 빨강을 내치지도 못한다. 빨강은 빨강을 극복하면서 빨강이 되는 과정에 있다. 빨강을 뿌리치는 빨강의 언어. 우리가 아는 모든 빨강과 붉음과 적색을, 거기서 파생되는 모든 빨강의, 붉음의, 적색의 계열을 다 뿌리치고서 태어나는 빨강의 언어는 원천적으로 불가능하겠지만, 불가능하니까 불가능해서라도 더 달려드는 빨강의 언어가 더 있을 거라는 믿음으로 파고드는 빨강의 세계. 붉음의 고향. 적색의 그 공간을 다시 어떤 말로 받아주어야 하나.

빨강은 아직까지 할 말이 많다. 할 말이 남아 있는 빨강을 빨강으로 내버려두지 않기 위해서라도 색채의 빨강은 언어의 빨강을 기다리고 있다. 더 기다리고 있다고 판단해야 한다. 그렇게 믿으면서 빨강의 색채는 빨강의 언어를 찾아간다. 빨강의 언어가 빨강의 색채를 찾아가도 마찬가지 결과일까? 장담할 수 없지만 둘은 연결되어 있다. 언어와 색채가 사실상 무관하지만 기어코 연결되어 있듯이.

검은색 진정

검은색은 흥분하게 만들지 않는다. 검은색은 공포스럽게 할지언정 불안에 떨게 만들지언정 사람을 흥분시키는 것과는 거리가 멀다. 그러니 검은색은 이렇게 말하는 색이기도 하다. 제발 진정하라, 제발 진정하고 내 말을 좀 들어라. 내 말이 아니면 다른 검은색의 말이라도 들어라. 더 검은색은 좀 더 검은색의 말에 기대어서라도 너를 진정시키고자 한다. 너를 진정시킬 것이다. 검은색처럼 가라앉을 때까지. 검은색처럼 꺼져버릴 때까지. 검은색처럼 아예 안 보일 때까지 진정하고 진정하라. 진정의 목적은 검은색이고 진정의 방식도 검은색이고 진정의 태생도 검은색이다. 진정은 검은색과 함께 있을 때 돋보인다. 아닌가. 진정은 검은색과 함께 있을 때 비로소 필요 없는 존재처럼 입을 다물고 있다. 더는 진정시키지 않아도 되는 대상 앞에서 진정은 검은색의 이름으로 검은색의 효능으로 검은색의 악마 같은 마력으로 대상을 침묵시킨다. 그리고 천천히 말하게 한다. 검은색을 흘리는 말. 검은색으로 흘러가는 말. 검은색으로 뚝 멈출 때까지 천천히 검은색을 완성해가는 말. 그 말이 진정된 말이다. 진정에 녹아든 말이면서 진정으로 감화된 말일 것이다.

*

　　알다시피 검은색은 모든 색을 빨아들인 색이다. 모든 색을 빨아들인 후에도 계속해서 더 빨아들이는 색. 다 빨아들이고 난 후에도 더 빨아들일 것이 있는지 살피는 듯한 기색 역시 색으로 말하면 검은색이지 않을까. 검은색이 아니면 또 무슨 색이 되어 발버둥 치다가 끝내는 검은색으로 편입되는 것일까. 합류하는 것일까. 합류된 색의 끄트머리에는, 최종에는 언제나 검은색이 더 검은색이 되는 방향으로 흘러들고 있고 흘러가고 있다. 검은색은 고정되지 않는다. 검은색은 고정할 수 없는 모든 색을 검은색으로 포섭하면서 움직인다. 더 검은색이 되기 위하여 더 검은색을 뒤로 하고 조금 더 검은색 쪽으로 눈에 띄지 않게 움직인다. 검은색은 검은색 내부의 변화를 검은색처럼 덮어놓고 있어서 얼른 눈에 띄지 않는다. 눈에 띄지 않는다고 해서 정지한 것은 아닐 터. 정지한 것처럼 보이더라도 정지를 멈추는 방식으로 움직이고 있는 이 정지의 색은 이 세상의 모든 정지를 다시 생각하게 만든다. 정지는 있을 수 있다. 색에 따라 성질에 따라 또 상황에 따라 정지는 언제든 생겨날 수 있고 튀어나올 수 있고 지속될 것처럼 얌전히 있는 것처럼도 보이지만, 그래봤자 정지는 순간이다. 움직이지 않는 순간은 움직이지 않는 그 순간뿐이다. 나머지는 모두 움직인다. 움직이지 않는 순간의 앞과 뒤가 모조리 움직이는 도중에 있다면 움직이지 않는 그 순간도 움직이지 않는 순간이라고 말할 수 있을까. 움직임의 일원으로 움직이지 않음의 한순간이 있고 한순간의 정지가 있고 한순간의 정지는 사실상 모든 순간을 움직임의 일원으로 탈바꿈하면서 있다. 있기 때문에 있는 그 순간을 기념하려고 우리는 사진도 찍고 동영상도 남기지만, 사진의 연속이 동영상이듯 정지의 연속은 속절없이 움직임이다. 운동이다.

*

모두가 움직인다. 모두가 움직인다는 건 분명한 사실이다. 따라서 정지의 순간은 엄밀하게 말해서 존재하지 않는다. 그것은 허구다. 정지한 순간을 가까스로 낚아챈 사진조차도 움직인다. 영원히 호흡을 멈춘 시체조차도 움직이며 더 이상 움직일 것 같지 않은 저 녹슨 전차도 매 순간 있는 힘을 다하여 움직인다. 정지한 것처럼 보이는 저것들은 말하자면 움직임의 총체이자 총화로서 존재한다. 존재 자체가 움직임이다. 내가 여기 아무 말 없이 아무런 행동도 없이 존재하는 것도 움직임이며, 아무런 행동 자체가 없다는 그 모순조차도 움직임을 통해서 증명된다. 움직임은 움직임에 기대어 가까스로 증명된다.

*

시야를 좁히면 좁힐수록 보이는 것은 당연히 작아진다. 보이는 면도 보이는 사물의 면면도 당연히 작아지거나 줄어든다. 졸아든다고 해도 좋겠다. 시야를 좁힐수록 졸아드는 사물의 면면을 가만히 음미하다 보면 거의 한 점이 될 때까지 시야를 좁힐 수도 있겠다. 한 점으로 환원되는 시야는 한 점으로 환원되는 사물과 풍경과 사건을 만들어낼 텐데, 그것은 어떤 모습일까? 거의 안 보이는 것과 다름없는 것이 아닐까? 한 점은 말 그대로 한 점의 형상이고 모양이고 흐름을 만들어낼 텐데, 한 점의 흐름이라고 해봐야 점에서 점으로의 이동일 테니 그 변화를 감지하는 것도 극히 미미할 것이다. 너무 미미해서 점에서 점으로 바뀐 것밖에 없는 그 변화를 변화라고 할 수 있을까? 그렇다면 한 점의 시야는 너무 극단적인 시야의 좁힘이면서 결과적으로 시야의 무화라고 할 수 있다. 시야가 무화되기 전에, 그러니까 한 점으로 좁아드는 시야까지는 아니고 그보다는 조금 더 넓은 시야를 상상해보자. 얼른 떠오르는 것이 열쇠 구멍 정도의 시야이다. 열쇠 구멍은 작다. 작아도 구멍 너머는 어느 정도 볼 수 있다. 아예 안 보여도 좋다. 볼 수만 있다면 한 번씩 넋 놓고 바라보는 것이 내 방 창문이다. 닫힌 창문 밖의 하늘이다.

잠시 어떤 장면을 통과했다

2부

말은 무엇이고 이 관계는 무엇일까.

무엇과 맺고 있는 관계. 어디를 향해 가는 관계.

알 수 없는 말만 잔뜩 늘어놓고 있는 나는

그럼에도 여전히 관계 중이다.

결정적인 순간

삶의 매 순간이 결정적인 순간이라면, 삶의 매 순간은 결정적이지 않은 순간이기도 하다. 모든 사람이 일등이면 모든 사람이 꼴찌인 것과 다르지 않듯이 매 순간이 결정적이면 매 순간이 결정적이지 않은 것과 다름없다. 그럼에도 우리는 시에서, 사진에서, 그림에서 어떤 결정적인 순간을 보고자 한다. 쓰는 입장에서도 읽는 입장에서도 마찬가지다. 결정적이지 않은 순간조차도 결정적으로 보아야만 쓰일 수 있고 읽힐 수 있는 것. 그것이 시라고 한다면 시는 결정에 얽매인 장르이고, 결정적인 순간에 붙들린 장르이고, 결정적으로 결정적인 것은 없다는 역설까지도 어떤 결정적인 순간에 기대어 보여줄 수 있는 장르여야 한다. 그래, 결정적이지 않은 시는 재미가 없다. 결정적인 순간이 포착되지 않은 시는 왠지 시 같지가 않다. 결정적이지 않은 순간마저도 결정적으로 포착되는 장면이 있어야 한다는 선입견이자 통념을 증명하기 위해서도 시는 결정적인 순간에서 떨어지지 않는 글쓰기를 계속 수행하는 자의 몫으로 남는다.

    결정적이지 않은 시는 있으나 마나 한 글이고, 있어도 그만 없어도 그만인 낙서이고, 우리는 그런 낙서와도 같은 글에서 시적인 어떤 것을 발견하지 않으려 한다. 발견하려고 해도 발견되지 않는 시적인 순간은 결정적인 순간과 맞물려서 어떤 시의 됨됨이를 판단하는 데 결정적으로 작용한다.

그런데, 그런데, 나는 결정적인 순간에 신물이 난다. 어느 순간 신물이 나서 결정적인 것이라는 어떤 순간에 별다른 감흥이 없고, 다만 그게 시라고 배웠으니까 시라고 얘기하면서 수업을 한다. 읽기 수업도 하고 쓰기 수업도 한다. 시에서 결정적인 순간을 살리라고 주문한다. 결정적인 장면을 포착하라고 강조한다. 결정적이지 않은 순간조차 결정적인 순간으로 만들어주는 시의 놀라운 권능을 같이 놀라워하고 같이 즐겨봤으면 좋겠다고 권유한다.

다시, 다시, 시는 결정적인 장르다. 결정적인 순간을 위해 헌신하는 장르다. 투신하는 장르라고 해도 좋다. 시는 삶의 온갖 결정적이지 않은 장면에서도 결정적인 순간만큼은 반드시 짚어내고 집어내 주어야 시가 된다. 다시 말하지만, 결정적인 순간을 포착하라. 결정적이지 않은 가운데서도 결정적인 것의 기적을 일으켜주어야 한다고 잔소리처럼 늘어놓고 또 늘어놓는데, 여기서 질문. 결정적인 것은 무엇이고 결정적이지 않은 것은 무엇인가? 결정적이지 않은 순간은 무엇이고 결정적인 순간은 또 무엇인가? 결정적인 무엇과 결정적이지 않은 무엇 사이에 놓인 이 결정적인 차이를 말하려니 다시 혼돈에 빠진다. 객관적으로 똑같은 시간과 장소에서 벌어지는 똑같은 사건도 누가 보고 누가 기억하고 누가 말하는가에 따라 달라진다. 어떤 때는 인생 전체를 좌우할 만큼 결정적인 순간일 수 있다. 또 어떤 때는 인생에 아무런 영향도 미치지 않는 순간일 수도 있다. 이 또한 어떤 순간을 바라보는 이의 시선과 거기에 부여되는 의미에 따라 달라지는 문제다.

똑같은 순간도 의미를 부여하는 관점과 방식에 따라 더없이 결정적인 순간일 수도 있고 결정적이지 않은 순간이 되기도 한다. 그러니 중요한 것은 의미다. 부여되는 의미에 따라 달라지는 것이 순간이고 시간이고 사건이고 또 인생이니까. 결정적인 의미가 부여되는 순간은 말 그대로 결정적인 순간이다. 아무런 의미도 부여되지 않는 순간은 말 그대로 아무런 결정도 필요가 없고 소용이 없는 순간이다. 어떤 의미 있는 순간도 의미 없는 순간으로 전락하는 순간 의미는 부질없어지고 사람도 사건도 다 부질없어진다. 모든 것이 공연해지는 순간과 같다. 모든 의미가 풍성함을 거부하고 빈곤의 극단으로 나아가면서 맞이하는 공연함은 생의 모든 순간이 균질해지는(실상은 공평하게 부질없어지는) 순간을 다시 일깨운다. 모든 것이 결정적이지 않을 때 공연함은 발생한다. 이번 생은 공연히 살다 간다는 생각. 이번 생은 공연히 사고만 치고 간다는 판단. 혹은 자괴감. 그러나 판단도 자괴감도 모두 의미가 주는 선물이다. 의미가 주는 폐해라고 해도 상관없다. 선물이든 폐해든 의미는 끊임없이 무언가를 준다. 결정적이라 판단되는 순간도 결정적이지 않다고 우기는 순간도 모두 의미의 산물이다.

다시 말하자. 결정적인 순간과 결정적이지 않은 순간은 모두 의미의 문제와 연결된다. 의미 부여를 어떻게 하는가에 따라 어떤 순간은 결정적인 순간으로 부각되고, 또 어떤 순간은 아무 의미도 없는 순간이 된다. 아무런 결정적인 가치를 지니지 않은 순간이 된다. 결정적인 것과는 하등의 상관이 없는 순간이 된다. 의미는 결정의 문제에 관여한다. 결정적인 것을 결정하는 문제에 관여한다.

따라서 결정적인 순간과 동떨어지려면 결정적인 순간마다 꼬박꼬박 부여되는 의미에서 놓여놔야 한다. 의미에서 놓여놔야 결정적인 순간에서도 자유로울 수 있다. 그러니 아무 의미도 부여하지 말자. 아무 의미도 되새기지 말고 아무 의미도 갖다 붙일 필요 없이 순간을 지나치자. 순간순간을 지나치는 어떤 대목에서도 의미가 불필요해질 때, 비로소 우리는 결정적인 순간에서 해방될 수 있다.

그러나 우리는 의미 없이 살아갈 수 있는 존재가 아니다. 단 한 순간도 의미를 부여하지 않고 살아가는 존재가 있다면, 그것은 이미 인간이 아니다. 그러니 의미에서 자유로운 존재가 되려면 우선은 인간이 되는 것부터 포기해야 한다. 우리는 인간이 아니다. 인간이 아니어야 비로소 결정적인 순간에서 놓여날 수 있고, 거기서는 반드시 의미가 부질없어져야 한다. 의미가 부질없어질 때 비로소 자유로울 수 있는 인간은 그러나 없다.

그가 인간이라면 그는 의미에 붙들려 있다. 그가 인간이라는 말은 그가 의미에 붙들려 있다는 말과 같으며, 의미에 붙들려 있다는 것 자체가 인간을 이루는 전제조건이다. 그는 의미에 붙들려서야 인간이 된다. 의미에서 놓여나는 순간이 그가 진정으로 인간임을 포기하는 순간이다. 그런 순간은 삶을 지속하는 내내 만나기 힘들 것이다. 사실상 불가능하다. 죽기 전까지는 모두 의미다. 의미에 붙들려서 삶이 지속되고 삶이 지탱되고 심지어 삶이 지루해지는 것도 의미에 붙들린 것을 전제로 한다. 삶이 부질없어지는 순간도 의미에 붙들린 전적 없이는 탄생이 불가능하다. 삶은 삶이 되는 순간 의미에 붙들린다. 삶은 삶이 되기 위해서도 끊임없이 의미를 발생시킨다.

없는 의미라도 발생시켜야 가능한 삶은 문장에도 그대로 적용

된다. 아무 의미 없는 문장은 없다. 어떤 문장이든 의미를 발생시킨다. 순간적인 의미를 발생시키고 순간적인 결정을 좌우하고 마침내 결정적인 순간을 결정한다. 바로 문장을 통해서, 그리고 의미를 통해서, 결정적인 순간은 그렇게 탄생하는 것이다.

다시 말하자. 의미에서 자유로운 문장은 없다. 어떤 의미도 발생시키지 않는 문장은 없다. 문장은 그 자체로 의미다. 단수가 아니라 복수를 이룰 뿐. 의미는 죽지 않는다. 겹이면서 다층을 이루는 삶을 영위하는 것은 인간도 마찬가지고 문장도 마찬가지다. 문장은 겹겹의 의미를 지닌다. 단 하나의 의미로 귀결되는 문장은 있을 수 없다. 문장은 그 자체로 복수다. 복수의 의미를 지닌 문장은 복수의 관계망을 형성하며 다른 문장들 사이에 들어간다. 문장과 문장의 연결도 그래서 복수다. 복수의 의미망을 가지며 하나의 문장이 하나의 문장을 이어갈 때, 바로 앞 문장에 이어지는 문장뿐만 아니라, 이어지지 못하는 수많은 문장 역시 나름의 의미와 나름의 운명과 나름의 삶을 내장한 채 대기하고 있다. 대기하다가 선택되지 못했을 뿐 없는 것은 아니다. 없던 것도 아니다. 없어야 할 것은 더더욱 아니라고 말하고 싶다.

나는 선택되지 못했다. 어떤 결정 과정에서 내가 선택되지 못했다는 사실만으로 자괴감에 빠지는 일. 그 또한 의미의 일이다. 의미를 부여하면서 나는 절망하고 괴로워하고 분노하고 낙담에도 빠지는데, 그러지 않고 덤덤하게 하루를 지나가는 어느 날의 어느 시간대에도 나는 의미에 젖어서 다른 생각을 할지 모른다. 내가 이렇게 덤덤해도 되는 건가 하는 생각. 내가 이렇게 멀쩡해도 되는 건가 싶은 하루. 어찌해도 시간은 가는 것인데, 어찌해도 마음을 달랠 길 없을 때 나는 다른 생각으로 다른 일을 찾으면서 다른 의미를 구한다. 문장도 마찬가지라면, 문장 역시 그 문장을 이어가는 문장을 찾는 일이 여의치 않다면 다른 살길을 찾아야 한다. 다른 살길은 다르게 문장을 이어갈 수 있는 의미를 찾는 일과 다르지 않을 터. 어떻게든 의미를 찾아야 하는 곳에서 나는 삶을 영위하고 문장은 문장을 영위한다. 살아 있는 문장은 문장을 그치지 않는다. 마치 내가 나를 그치고 싶어도 그칠 수 없듯이. 내가 나라는 의미를, 설령 그것이 헛것일지라도, 허위일지라도, 버리지 못하는 곳에서 나는 일어선다. 뭐라도 할 것이 없나 일어서는 순간, 오늘의 일은 발생한다. 오늘의 할 일과 오늘의 과업과 오늘의 자포자기까지도 무슨 계획처럼 세우고 일어나는 일. 그것이 나의 하루다. 그것이 잘 지켜지지 않는다. 그것이 계획이라면, 계획이기에, 지켜지는 것과 무관하게 나의 하루는 나의 하루다. 그의 하루가 그의 하루이듯이, 의미는 제각각이지만, 있다. 없을 수가 없다.

너의 하루는 뿌듯한가. 나의 하루는 절망적이다. 이 모든 것이 의미의 일이란 게 절망적이면서 한편으로 희망적인가. 꼭 그렇지도 않다. 의미는 의미다. 이렇게 말하는 순간 죽어버리는 의미. 의미는 의미를 긍정하는 순간과 부정하는 순간을 가리지 않고 살아난다. 의미는 의미를 과도하게 부여받는 순간 오히려 죽을 수 있다. 의미에 의미가 덕지덕지 붙어서 한 걸음도 움직이지 못하는 의미에 파묻힌 의미 덩어리가 될 때, 의미는 죽는다. 의미는 살아 있기 위해서라도 너무 큰 의미를 짊어지지 않아야 한다. 너무 큰 의미에 빠져서 허우적대지 않기 위해서라도 의미를 버리는 연습. 의미를 지우는 연습. 최소한 의미를 덜어내는 연습이라도 해야 한다. 발버둥이라도 쳐야 하는데, 이 또한 허우적의 다른 모습 아닌가. 의미를 덜어내기 위해서 발버둥 치는 것도 엄연히 발버둥이고 허우적이다. 허우적대다가 끝나는 인생. 끝나는 문장. 어떻게 해도 가뿐할 수 없는 상태의 문장으로 오늘은 무엇을 쓸까? 무엇이라도 써야 한다는 생각만 남은 상태. 참으로 가뿐하다. 가뿐해서 미치겠는 생각으로 무언가를 쓴다. 무언가를 썼다. 이것도 글이고 이것도 의미라면 어떤 다른 의미를 붙여서 이 글을 맺을까? 맺지 말고 그치자. 의미는 그치는 순간 그침을 비웃듯이 다시 올라온다. 그러니 맺지 말자. 이 글이 끝났다고.

프레임 없는 전쟁

어떤 순간이든 결정적인 순간은 그것의 배경을 이루는, 그것의 배경을 결정짓는 프레임을 전제로 한다. 프레임 없는 핵심은 없다. 마찬가지로 어떤 결정적인 순간도 일정한 프레임을 전제로 특정되고 지목되고 선택된다. 선택된 순간은 이미 선택된 프레임을 전제로 유효하다. 프레임이 바뀌면 당연히 프레임의 핵심도 바뀌고 프레임을 배경으로 둔 결정적인 순간도 바뀐다.

프레임은 명확하지 않다. 액자처럼 명확한 경계를 가지는 경우는 현실에서 매우 드문 케이스에 해당한다.

그럼에도 프레임은 존재한다. 프레임에 갇혀서 생활하는 인간도 엄연히 존재한다. 프레임을 의식하든 하지 못하든 간에 상관없이 프레임에 의존하는 생활은 분명히 존재한다. 그 프레임에서 어떤 결정적인 순간이 정해진다면, 프레임을 걷어내면서 혹은 무력화시키면서 어떤 결정적인 순간의 토대를 무너뜨릴 수 있다.

아니면 너무 많은 프레임을 동원하는 것도 하나의 방법이겠다.

너무 많은 프레임은 프레임이 없는 것과 같다. 나는 하나의 프레임에 갇혀 있지 않다. 너도 하나의 프레임에 갇혀 있지 않다. 그도, 그와 상관없는 수많은 그들도 하나의 프레임에 갇혀 있지 않다. 프레임은 많다. 나 한 사람에게도 많고, 나 한 사람에게 걸려 있는 프레임의 숫자가 그토록 많다면, 이 세상은 말 그대로 수많은 프레임 간의 전쟁이다. 나와 타인의 전쟁뿐만 아니라, 이쪽과 저쪽의 전쟁뿐만 아니라, 이쪽 안에서도 프레임 간의 전쟁, 내 안에서도 서로 다른 프레임에 따른 전쟁이 비일비재할 것이다.

프레임을 걷는다는 것은 무슨 말일까? 일상에서도 생각해볼 여지가 많지만, 문장 단위에서도 생각해볼 것이 많을 것이다.

프레임은 사소한 글쓰기에서도 작동하는 것이다. 일기에서도 메일에서도 보고서에서도, 우리가 의식하든 하지 못하든 프레임은 작동한다. 프레임이 일정하지 못하면 글도 초점을 잃고 난잡하게 흩어지는 상태가 되고 만다.

가령, 오늘 하루 동안 가장 핵심이 되는 것이 무엇이었을까를 떠올려 보았을 때, 가령 오드리 로드의 『블랙 유니콘』이라는 시집을 유심히, 그리고 인상적으로 본 것이 가장 마음에 남는 일이라고 했을 때, 오늘 하루의 프레임은 오드리 로드와 『블랙 유니콘』 혹은 흑인, 여성, 레즈비언으로 요약되는 어떤 여성주의자의 문학과 삶에 대한 나의 사유를 중심으로 재편될 것이다. 핵심에 따라 프레임이 바뀌고, 프레임이 바뀌면서 핵심 또한 바뀐다.

따라서 핵심이 없다는 것은 혹은 초점이 불분명하다는 것은 프레임이 일정하지 않다는 말과 같다. 삶의 좌표를 잃어버렸다는 말 역시 삶에서 가장 중요하다고 여기는 것을 상실했다는 말과 같다는 점에서 프레임이 상실된 상태로 바꿔서 얘기할 수 있겠다.

나는 프레임 없는 삶에 갇혔다. 프레임에 갇힌 삶이 아니라 프레임 없는 삶에 갇히다니. 이게 무슨 말인가 싶겠지만 충분히 가능한 얘기다. 아무런 줏대도 없이, 기준도 가치관도 없어진 채로, 되는 대로 사는 삶에는 프레임이 없다. 계속해서 떠밀리는 삶만 남을 뿐이다.

시인으로서의 나의 프레임, 시 선생으로서의 나의 프레임, 40대 후반 시스젠더 헤테로 남성으로서의 프레임 등등 언뜻 보면 명쾌하게 나올 법한 프레임도 나의 시인됨이나 선생됨이나 남성됨을 생각해볼 때, 어느 하나도 명확하게 단정 지을 수 있는 것이 없다. 나는 시인이면서 시인이 아니고(아닐 수 있고), 나는 선생이면서 선생이 아니고(아닐 수 있고), 나는 남성이면서 남성이 절대 아닐 수 있다.

프레임은 분명하지만 나는 분명하지 않다. 그래서 프레임도 분명하지 않다. 나는 다시 프레임 없는 삶에 갇혀 있다. 프레임이 창살도 아닌데, 아니 창살도 아니므로, 프레임 없는 삶이 새삼 갑갑할 것도 없는데, 갇혀 있다니.

좌표 없는 삶은 자유로울 것 같지만, 불안에 떠는 삶이라는 점에서, 불안에 갇혀 있는 삶이다. 프레임은 창살이 아니다. 마찬가지로 울타리도 아니므로 나는 안온하게 기댈 수 있는 곳을 상실한 사람처럼 프레임을 떠올린다. 프레임이 없으니 집을 벗어나도 집을 벗어난 것 같지 않고 조직을 빠져나와서도 조직을 빠져나왔다는 실감이 허구 같다.

프레임 없는 삶은 그래서 죽은 삶일지도 모른다. 하기야 죽은 이야말로 아무런 프레임에도 갇혀 있지 않을 테니. 죽은 이로부터 나오는 프레임은 모두 산 사람이 씌워놓은 프레임. 프레임은 철저히 삶의 조건이다. 프레임 없는 삶은 따라서 삶의 조건을 상실한 삶이다.

나는 어디에서도 평안하게 있을 수가 없다. 울타리도 벽도 창문도 대문도 없는 곳이 내가 기거하는 곳이 되고 만다. 프레임 없는 삶이 그렇다.

의미 없는 순간

아무런 의미도 없는 순간이 다가온다. 아무런 의미도 소용없는 순간이 다가온다. 어떤 의미를 붙이더라도 소용없는 사물과 사건과 사람만 남은 순간이 언젠가 오기는 온다. 나에게 온다. 누구에게나 오듯이 나에게 오는 아무런 의미도 소용없는 순간이 언젠가 오기는 오는데, 그때가 언제인지를 모르는 사람들이 매일같이 의미를 부여하고 의미에 기대어서 의미를 증폭하며 의미의 시민이자 국민으로서 의미의 국가를 건설하고 세계를 건설하고 의미로 충만한 우주까지 건설하고 어느 날 갑자기 하나둘씩 혹은 한꺼번에 모조리 의미를 상실한 채 사라져버리는 사태. 어떤 의미를 붙여도 소용없는 사태를 남기고 흔적을 남기든 남기지 않든 상관없이 모조리 의미의 저 건너편으로 건너가서 돌아오지 않는 사태. 그 사태를 각오하는 동시에 애써 잊으면서 살고 있는 사람들이 나를 비롯하여 지구상에는 수십억 명은 더 있을 터인데, 중요한 것은 숫자가 아니고 인구도 아니고 국적도 이념도 핏줄도 상관없는 곳에서 오로지 단독자로서 죽어가는 한 사람의 의미를 생각해볼 뿐이다. 오로지 상관없어지는 의미만 남은 한 사람의 의미를 생각해보는 것이다. 그는 여기서 가족이 있는 사람이었고 애인도 있는 사람이었고 친구도 원수도 다 있는 사람이었고 자기가 속한 분야에서 제법 재주도 있고 성실하다는 평을 듣는 사람이었지만, 그게 다 무슨 소용이랴. 그가 없어지면 그가 없어지는 대로 곧바로 그 자리를 채우면서 그를 의미 바깥으로 밀어낼 것이다. 한동안 그를 기억하고 한동안 그를 추모하고 한동안 그를 이 세계를 지탱하는 의미의 한가운데 두고서 견고한 동상처럼 추앙하는 사람들이 있더라도 그것은 영겁의 시간 속에서 일시적인 사건. 사건들의 부스러기에 불과할 뿐이니 그는 사실상 잊히기 위한 존재. 잊히는 줄도 모르게 잊히고 잊히는 존재. 누구 하나 잊히는 것을 잊히는 줄도 모르게 잊고 있는 사람들의 틈바구니에서 잠시 살았던 존재. 잠시 빌붙었던 존재. 잠시 자신의 존재감을 뽐내기도 했던 존재. 잠시 실망하고 좌절하고 방황하면서 어떻게든 존속하려고 애를 썼던 존재의 존재감은 점점 더 희미해져간다. 그는 언젠가 여기에 없을 사람이다. 그는 언젠가 여기에 있었다는 사실조차 없어질 사람이다. 사실은 기억되지 않으면 없는 것이나 마찬가지니 그는 있는지 없는지 모르게 있었던 사실도 없었던 사실만큼이나 희미하고 어렴풋하게, 급기야는 그런 구분조차 아무런 의미를 가지지 못하는 곳에서 열심히 사라져간다. 존재는 계속 없는 쪽을 지향해간다. 있는 쪽을 지향하는 순간은 다시 말하지만 잠깐이다. 영겁의 시간 속에서 아무리 길어봐야 초침 한 번 움직이는 시간에도 못 미치는 위력을 과시하는 존재. 그가 사람이다. 그가 인간이다. 그래봤자 동물이고 생물이고 생명이고 생명은 탄생한 지 얼마 안 됐다. 사라지는 데도 얼마 남지 않은 시간이 찰나로 남아서 기다리고 있다. 지금이 그 순간일 수 있다. 지금이 아니면 잠시 후 지금이라도 충분히 가능한 그 순간을 위해서 할 수 있는 일은 없다. 방지할 수 있는 방도도 없다. 그 순간은 온다. 지금이라도 온다. 지금이 아니면 지금이라도 오고 있는 그 순간을 기념할 수 있는 방법은, 그 순간을 간신히 지나친 사람한테나 궁리할 몫으로 남아 있으니, 남아 있는 방법은 자꾸 잊는 것. 망각하는 것. 내가 살아 있다는 사실을 죽게 될 거라는 사실만큼이나 열심히 망각하는 것. 그리하여 열심히 살아가는 방도도 방편도 모두 보잘것없는 것으로 열심히 팽개치는 것. 내팽개치면서 열심히 될 대로 되라는 신념을 실천하는 것. 그런 신념조차 보잘것없이 보고 대하는 사람이 되는 것. 어떤 사람이 되는 것조차 되려는 욕망과 별개의 것으로 두는 것. 어디에도 나를 두지 않는 것. 나의 가치와 의의와 의미를 두지 않는 것. 두지 않으려는 노력조차 두지 않는 것. 열심히 아무것도 안 하는 사람. 열심히 아무것도 안 하는 방식조차 다 잊어버리려는 사람이 기이하게도 이 글을 쓰고 후회하지 않는다. 후회하는 것도 다음번의 기회를 전제로 할 때나 필요한 일이므로 후회도 막급도 없이 막 사는 것. 막 산다는 생각도 잊고 사는 것. 산다는 생각도 잊고 사는 것. 그런데 그것이 가능할까? 이 글을 쓰는 순간에도 따라붙는 회의가 이 글을 끝맺지 못하고 계속 군말을 붙이게 만드는 이유이기도 할 때, 글을 멈춘다. 더 진행해봐야 막 쓰는 것에 불과하다.

〔군말〕
의미를 갖다 붙이기 나름인 것 같지만, 그래서 갖다 붙이는 의미에 따라서 무언가 건실한 의미가 생기는 것도 같지만, 그 의미란 것이 또 의미가 있는 것인지는 잘 모르겠다. 이생의 부질없는 싸움을 위해서, 투쟁과 쟁취를 위해서 갖다 붙이는 의미. 아무리 양보해도 생존을 위한 의미 부여 이상도 이하도 되지 않는 곳에서 의미는 자꾸 생겨나고 확대되고 광범위해지지만 그 또한 죽고 나서는 아무런 소용도 없는 의미들.

나는 결국 역할을 다 버리기 위해 살고 있는 사람. 배역을 잃기 위해 열심히 무대에 오르는 사람. 무대를 놓지 못하는 사람. 그러나 언젠가는 배역을 잃은 사람처럼 서 있다가 끝내는 내려와야 하는 순간이 올 것이다. 반드시 올 것이다.

사람이 자신의 배역을 잃는다는 것은 이 세상에서 살아가는 자기 몫의 역할을 잃는다는 것이고 그것은 달리 말해 자기를 중심으로 의미를 재편하는 일을 포기한다는 것이다. 삶의 어느 대목에서도 의미를 발견하지 못한다면 그는 곧 의미 바깥의 세계로 쫓겨 나가야 할 것이다. 자의냐 타의냐는 중요하지 않다. 의미 바깥의 세계에 있느냐 없느냐만 차이가 있을 뿐이다. 내게 남은 유의미한 차이는 그 정도. 다른 의미는 다 부질없어지는 곳에서 하루를 살고 이틀을 살고 또 며칠을 살아야 할지 모르는 날을 계속 보내고 있다. 의미 없이 또 하루가 간다.

배역 없이 말하기

배역 없이 말하고 싶다. 배역 없이 말해야 한다. 배역에 지친 사람답게 아무 배역도 없는 사람을 말하는 연습. 필요하다. 배역에 지친 만큼이나 배역을 잃어버리는 연습. 필요하다. 배역을 잃기 위해서도 연습은 필요하고 배역을 잃은 사람을 말하기 위해서도 필요한 연습. 벌써 지치는 것 같지만, 일단은 말하자. 배역을 잃은 사람은 직업이 없는 사람 같다. 배역을 잃은 사람은 가족도 없는 사람 같다. 배역을 잃은 사람은 소속도 직위도 이름도 없는 사람 같다. 별명도 가명도 없는 사람. 있어도 소용없는 사람이 배역을 잃은 사람이라면 그가 잃은 것은 또 무엇일까? 잃어서 그에게 없는 것이 또 무엇일까 고민하는 와중에도 그는 없는 것이 자꾸 생겨나는 사람. 그를 둘러싸고서 그를 증명하는 것이 하나씩 사라지고 없는 사람. 완전히 헐벗은 존재를 향해 가는 사람. 헐벗음의 극단으로 헐벗음이라는 말조차도 한 겹 옷을 껴입고 있는 것처럼 거추장스럽게 서 있는 사람. 거추장스럽게 한 겹을 더 벗고서도 더 벗을 것이 없나 둘러보는 사람. 그가 둘러보기 전에 그를 먼저 들여다보게 하는 사람. 그는 무엇 하나가 없는 사람에서 무엇 하나도 없는 사람으로 한 걸음씩 옮겨간다. 제자리에서도 옮겨간다. 제자리가 없는 사람으로, 제자리란 것이 어디인지도 무엇인지도 모르는 사람으로. 더 옮길 것이 없을 정도로 옮겨간 끝에 그는 완전히 없는 사람의 형상을 취하고 있지만, 아직은 있다. 사람이 있다. 배역이란 것이 있듯이, 사라지지 않는 역할이란 것이 살아 있는 동안 끈질기게 따라붙듯이 그는 있다. 있다는 것이 민망할 정도로 있다. 있는데 그는 누구인가? 그는 배역이 없는 사람이다. 이걸 증명하기 위한 배역만 맡은 사람이다. 이걸 증명하지 못해서 배역이란 배역은 다 맡아보고 또 팽개치는 사람. 이번엔 또 어떤 배역이 나를 떠날 것인가를 궁리하고 또 궁리하는 사람이 마지막으로 맡은 배역. 배역을 잃어버린 사람의 배역은 그래서 참으로, 하릴없이, 오래가는 것 같지만, 한계가 있겠지. 언젠가는 그만두겠지. 하다 하다 안 되면 그마저도 내려놓고 또 무엇이 될까 하는 고민도 내려놓고 아무런 번민도 없는 상태로 폭삭 주저앉아버리는 사태를 예감하듯이 예약하듯이 기다리고 있는 사람. 기다림에 지쳐서도 기다림을 기다랗게 늘이는 시간을, 이 무한정한 시간을 쏜살같이 느끼는 사람. 그래 한순간이다. 배역을 잃는 순간은 한순간이다. 배역을 놓치는 순간도 배역을 버리는 순간도 배역을 까마득히 상관없는 일처럼 날려 보내는 순간도 한순간이다. 배역은 무겁다. 어떤 배역이든 부담스럽다. 어떤 배역이라도 책임을 져야 하는 순간이 오는데, 그 순간이 어느 순간 오지 않아도 될 만큼 멀어 보일 때, 배역은 더이상 나의 일이 아니고 남의 일도 아니고 그냥 배역만 남아서 구천을 맴도는 것처럼 떠도는 일. 어쩌면 그것이 귀신일까? 혼령일까? 유령일까? 무엇이든 배역은 무거운 자리를 내려놓는 순간부터 사람은 사람대로 상관없이 돌아다니고 배역도 배역대로 아무 곳이나 떠돌면서 아무 때나 끼어든다. 갑자기 그 배역이 떠오르는 사람. 갑자기 잊고 있던 약속이 떠오르는 일처럼 한꺼번에 떠올라서 누군가의 머릿속을 장악할 때, 머릿속은 꽉 차서 꽉 찬 채로 누군가의 빈자리를 느낀다. 누군가가 저 배역을 살다 갔다. 누군가가 저 배역을 버리고 갔다. 누군가가 저 배역을 잃고 갔으며 그는 지금도 그 배역을 살고 있는 사람의 전신으로, 아무 하잘것없는 전신으로, 전신이랄 것도 없는 전신으로 어딘가에 있을 것이다. 어디에 있더라도 그는 없는 사람과 다름없이 있을 것이다. 배역이 없으니 그는 누구도 아니다. 배역이 아니니 그가 서 있는 어떤 장소도 그를 증명할 수 없다. 그를 드러낼 수도 없다. 그는 사람이다. 그는 그가 맡았던 배역을 까마득히 잊었다. 참으로 홀가분하게 서서 마지막으로 서 있는 모습을 취하고 있다. 그는 곧 꺼질 것이다. 배역은 돌고 돌다가 누군가에게 갔다.

자화상 몰두하기, 실패하기

자화상은 무엇보다 나를 대상으로 두어야 한다. 그리는 대상이든 쓰는 대상이든 대상이 내가 되어야 가능한 작업. 그것이 자화상 그리기 혹은 쓰기라면 나는 그럼 무엇인가 혹은 누구인가? 이런 질문이 남는다.

나라는 대상은 나도 알 수가 없다. 그러니 자화상을 그리는 것이겠지. 쓰기라도 하는 거겠지. 안다면 말도 필요 없고 설명도 필요 없고 해명도 필요가 없다. 그냥 있으면 된다. 내가 있으면 되는 자리에 다른 사람이 들어가더라도 아무런 상관이 없는 사람이 다시 나라면 그때도 불필요한 것이 자화상이다. 자화상은 다른 누구도 아닌 내가 다른 누구도 아닌 나를 들여다보는 자의식에서 비롯되므로. 그럼에도 잘 모르겠는 것이 있다. 계속해서 있다. 우선은 다른 누구도 아닌 나는 누구이며, 다른 누구도 아닌 내가 대상으로 두는 다른 누구도 아닌 나는 또 무엇인지 모르겠다. 다 알지 못하는 것이야 당연한 일이라손 치더라도 도무지 모르겠는 이 사태를 계속해서 짚어지고 가면서 말하는 것. 그 또한 자화상의 연장이겠지만, 일종이고 일환이겠지만, 나는 모르겠다. 나를 모르겠고 나를 모르는 너를 모르겠고 나도 모르고 너도 모르는 누군가를 도무지 모르겠을 때, 다시 도마 위에 생선을 올려두듯이 누군가를 올려둔다. 무언가가 올라가 있다. 도마 위에. 해부대 위에. 아니면 구경삼아 세워두기 좋은 광장 한가운데라도 좋다.

그걸 어디에 세워두든 눕혀두든 뒤집어놓든 상관없이 이제 골치 아픈 일만 남아 있다. 자화상의 대상이 되는 것을 들여다보는 일은 생각보다 쉬운 일이 아니다. 흠집투성이 작품을 보는 일처럼 괴롭고 고단한 일이 눈앞에 남아 있다. 눈을 감아버리고 싶을 정도로 못생긴 얼굴이, 추한 모습이, 어떤 해명이나 변명도 소용없는 인간 이하의 몰골이 인간 이상을 비웃으며 올려다보는 광경. 아니 내려다보는 광경. 어떤 광경이든 결코 편치 않은 광경이 눈앞에서 펼쳐질 때, 나는 다시 눈을 감아버리고 싶다. 도저히 못 보겠는 저 상황을 애써 외면하면서 살아가는 것이 삶이라면 지금껏 그래왔듯 앞으로도 그럴 것처럼 어딘가에 꼭꼭 숨겨두고 내 자식이 아닌 것처럼 태연하고도 괴로운 표정을 짓는 사람. 그 사람이 나라면 그걸 거부하고 싶지 않은 곳에 또 내가 있다. 나는 여러 번 나를 못 본 척했다. 나는 여러 번 나를 부정했다. 나는 여러 번 내가 아닌 사람으로 쭉 살아왔다. 사실상 일생이 내가 아니었다.

그럼 나라고 할 만한 것은 무엇인가? 어디 있는가? 그걸 몰라서 다시 그리는 일. 다시 쓰고 다시 더듬는 와중에 내 눈은 감지도 뜨지도 못하는 상태로 무언가를 본다. 창밖으로 새가 난다. 창밖으로 하늘이 떠 있고 구름이 떠서 가고 구름 근처까지 올라간 빌딩도 보인다. 창밖으로 시끄러운 확성기 소리도 들린다. 대부분 인간의 소리다. 무언가를 팔려고, 물건이 아니면 자기 자신이라도 팔려고 돌아다니는 소리. 선거철에 더 극심해지는 소리. 그 소리까지 다 인내하면서 창밖을 보면 온통 흐리다. 날씨도 흐리고 날씨를 보는 내 눈도 흐리고 내면도 흐리고 다 흐리다. 흐리다 못해 아무것도 안 보이는 상황까지 몰리다 보면 흐린 것이 흐린 것이 아니고 맑은 것이 맑은 것이 아니다. 그냥 안 보인다. 내가 안 보이고 너도 안 보이고 너도 나도 안 보이는 상황에서도 안 보이는 것이 안 보이게 있다. 아무것도 안 보이는 것이 있다. 그 상황에서 본다. 도대체 무얼 보아야 한단 말인가?

    그래, 아무것도 안 보고 싶은 사람을 봐야 한다. 아무것도 볼 수 없는 사람도 보아야 한다. 아무것도 보여주지 않는 사람 역시 그래서 보아야 한다. 보지 않으면 할 수 있는 것이 없으므로 보아야 하는 사람. 그게 나라는 사실을 인정하면서 본다. 창밖은 흐리다. 눈앞도 흐리다. 아침도 흐리고 밤중도 흐리고 새벽까지 흐리고 오후에도 흐리다. 모두가 흐리다. 흐리면서 말을 한다. 말을 흐리면서 무언가를 보여준다. 흐릿한 무엇. 그래서 나를 돕겠다는 것이냐 말겠다는 것이냐. 이런 일차원적인 대답을 듣고 싶은 흐릿한 장면부터, 그래서 나를 안다는 것이냐 모른다는 것이냐, 나를 알고 싶다는 것이냐 모르고 싶다는 것이냐처럼 조금 더 고차원적인 대답이 필요한 장면까지 모두 흐린 상태로 있다. 흐린 상태로 온다. 흐리고 흐리다 보면 흐르는 것. 그 또한 시간이고 시절이고 시대가 되겠지만 나는 시대까지는 모른다. 시절도 겨우 시절인데, 시간은 또 어찌 알겠는가. 여전히 흐리고 흐린 시간이다. 흐르고 흐르는 게 시간이다. 그것 말고는 아무런 확신도 없는 상태로 오늘을 말하고 내일을 말하고 지금도 말한다. 지칠 정도로 많이 말해왔다.

지나칠 정도로 많은 말을 동원했지만, 아직도 남아도는 말이 있어 나는 지친다. 너도 지치기는 마찬가지이므로 그만 말하자고 다짐하는 순간에도 말은 동원되면서 지치지 않는 자신의 존재 가치를 증명한다. 그러므로 나는 내 자화상을 완성하기도 전에 말에 지쳐버린 사람이 되어 캔버스 앞에 있다. 서 있거나 앉아 있거나 겨우 있다. 때로는 도마 위의 생선처럼 늘어져서 누워 있기도 하는데, 아무렴 어떤가. 말은 그 모든 상태를 가리지 않고 찾아든다. 그리고 자신의 일을 수행한다. 말은 내 뜻과 무관하게 내 뜻을 담아, 혹은 내 시선과 무관하게 내 시선에 담겨서 제 몫의 일을 한다. 나는 지쳤다고 말하는데, 지쳤다는 말로는 부족한 무언가를 만들어내면서 말은 나의 지친 상태를 반영하고 또 왜곡한다. 나는 지쳤지만 지칠 수만은 없는 상태로 자화상의 일원이 된다. 나의 자화상은 아직도 피로 저 너머를 응시하는 듯한 눈빛으로 이쪽의 피로를 되비춘다. 나의 자화상은 여전히 피로 한가운데를 비워놓은 듯한 얼굴로 이쪽의 피로를 전시한다. 피로는 피로인데, 결국에는 아무것도 아닌 피로가 되어 저 얼굴에 덕지덕지 묻은 표정을 만들어내고 감정을 만들어내고 때로는 시대까지 만들어내는데, 내 얼굴은 그 정도로 광활하게 피로하지는 않다. 시대나 역사가 되기에는 턱없이 부족한 피로를 가진 얼굴이라는 점을 절감하는 와중에도 내 피로는 순순히 물러나지 않는 시간을 만들어낸다.

너의 피로는 너의 피로만이 아니라는 사실까지 다 감당하고서 나의 자화상이 있다. 나의 자화상이 이쪽을 물들이고 있다. 그래, 나는 나 혼자로 족하지 않다. 나는 나 혼자로 부족하고 너무 부족해서 풍족해지는 결핍을 잔뜩 껴안고서 이쪽을 응시하는 얼굴이다. 저쪽을 외면하는 얼굴조차 응시하는 얼굴이다. 그것이 자화상의 완고한 표정이라면 나 역시 더는 외면할 수 없는 얼굴로 저쪽을 본다. 언젠가는 본다. 언젠가는 보게 될 것이므로 애써 외면하는 자세에도 힘이 빠질 때가 한 번은 찾아오겠지. 한 번은 찾아와서 나를 데리고 가겠지. 수고했다고. 수고한 당사자는 정작 아무 말이 없는 말인데, 수고했다는 한마디에 마음을 푸는 사람. 마음을 풀고 내려놓는 사람. 다 내려놓으면서 가야 하는 사람. 그가 내가 되지 말라는 법이 없으므로 나는 본다. 아직 오지 않은 것을 본다. 아직 오지 않은 말이 아직 오지 않은 것과 더불어 언제까지고 남아 있다는 사실을 각오하면서 자화상을 본다. 자화상에 담긴 얼굴을 본다. 어딘가 잔뜩 겁에 질려 있는 얼굴을 본다. 언제 올지 모르지만 이미 오고 있는 그것의 무시무시한 공포를 집어삼키고 있는 표정. 애써 담담한 척 받아들이고 있는 표정. 두 번 다시 보고 싶지 않지만 한 번은 보아야 하는 그 표정을 나는 나라고 말해야 한다. 아니면 누구도 말할 수 없는 사람이 될 것 같다.

  누구도 말할 수 없는 사람이 되기 전에 나는 한 번 더 몰두하는 시간을 가지려 한다. 한 번만 더 응시하는 시간도 가져보려 한다. 몰두와 응시의 대상은 결코 나와 무관할 수 없는 것. 나와 무관해서도 안 되는 것. 나와 무관해지려야 무관할 수가 없는 대상이 눈앞에 있다. 아무것도 아닌 얼굴이 있다. 누구의 것도 아닌 얼굴이 눈앞에서 눈앞으로 제자리를 지키고 있을 때 나는 나에 빠져서 허우적거리는 사람이 되지 않으려고 최대한 멀리 그것을 둔다. 최대한 멀리 그것을 밀어내고서 본다. 그러나 그것은 대상이다. 나의 대상이다. 내가 만든 나의 대상이 눈앞에 있고 멀찌감치 있고 더 멀리 있으면 아예 안 보이는 대상이 나의 얼굴이어야 할 때, 나의 자화상이어야 할 때, 나는 본다. 그것이 얼마나 몰두하기 힘든 대상인지를, 응시하기가 까다로운 사물인지를. 보고 또 보면서 나는 자꾸 딴생각이다. 집중이 안 될 때의 집중은 산만한 상태 그대로 집중하게 두는 수밖에 없다. 나는 지금도 산만하다. 산만 하게 큰 것이 어수선하게 흩어져서 나는 지금도 몰두는커녕 응시도 안 되는 자세로 대상을 본다. 대상이라는 것을 본다. 대상이 무엇이었던가. 나라고 했지만, 그것이 나라고 할 만큼 분명하지도 확실하지도 않을 때의 대상은 여전히 나인가. 나는 모르겠다. 계속 모르겠다를 남발하면서 글자 수만 늘려가는 자화상을 쓴다. 본다고 쓰고 있다. 쓴다고 보고 있다.

 대상은 이미 초점을 놓쳤다. 나는 분명 거기 있었는데, 나라고 할 만한 것이 거기 있었는데, 한 번 두 번 말을 바꾸면서 접근하는 와중에 나라고 할 만한 것조차 온통 연기에 휩싸여 달아나버리는 풍경. 그 또한 나의 자화상이겠지만, 자화상의 목록에 넣을 수도 있겠지만, 이까짓 안개 같은 풍경을 말하려고 내가 애써 손가락 운동을 하고 있는 것은 아니어야 할 텐데, 하고 있다. 말은 계속 늘어지고 있다. 대상은 점점 대상을 놓치고 있다. 주체란 것이 있다면 주체랄 것도 없는 주체가 되어 한정 없이 늘어지고 있는 이 작업을 몰두라고 부르고 응시라고 대꾸하고 집중이라고 강조하지만, 이놈의 주체는 참으로 줏대가 없다. 나는 몰두하지 못하고 있다. 나는 응시하지도 못하는 사람이다. 나는 한 시간도 집중하지 못하는 아이가 되어 이 방과 저 방과 이 거리와 저 거리를 헤집고 돌아다닌다. 담배가 필요하다. 커피도 필요하고 또 무엇이 필요해서 집중을 못 하는가. 집중하지 못하는 사람은 여전히 집중하지 못하는 사람의 얼굴로 창밖을 본다.

창밖이라도 본다. 구름이 떠 있다. 구름이 뿌려져 있다. 구름이 흐트러지면서 가고 있다. 저것이라도 말해야 한다면 진작에 말했겠지만 저것이 대상인가? 나의 대상인가? 대상은 대상을 가지면서 대상으로 말해지고 대상으로 말해지는 주체가 말해지고 말해지는 주체를 따라서 공감도 반감도 함께 가지는 또 다른 주체가 만들어지고 만들어지면서 말해지는 그것이 연민이든 증오든 무엇이라도 동반하는 사태에 다다르고 나서야 나는 말을 그칠 것인가? 대상도 대상이기를 그만둘 것인가? 이 글을 읽는 마지못해 독자인 당신도 시선을 거두고 생각을 그칠 것인가? 그 이상을 생각한다면 그 이상의 기록이 필요하고 그 이상의 기록을 감당할 자신이 없는 사람은 이쯤에서라도 멈추어야 하리라. 멈추어야 다시 시작할 수 있으리라. 시작하지도 못한 자화상을 두 번 다시 시작할 수 없는 자화상을 다시 시작하기 위해서라도 멈추어야 하는 것. 멈추어야 시작하는 것.

그것이 자화상이 아니면 또 무어라고 부르면서 할 말을 찾을까? 뚝 떨어지고 없는 말을 두리번거리면서 찾고 있는 사람이 저기 보인다. 멀찌감치 밀어내고 싶은 사람도 저기 보인다. 아예 안 보였으면 좋겠는 사람도 저기서 저기를 보면서 나를 외면하고 있다. 응시하는 사람을 가장 멋지게 외면하는 방법은 저대로 몰두하게 두는 일밖에 없다.

벽에 부딪혀서 울고 있는 사람

나는 잠시 잠깐 어떤 장면을 통과했다. 어떤 장면은 늘 부족하고 어떤 장면은 세상 어디서도 허다해 보이는데, 장면은 장면이다. 장면이 아니면 단면이다. 나는 단면을 통과한다. 어디서도 통과한다. 조금 전의 단면. 방금 전의 단면. 직전의 단면. 바로 이 순간의 단면을 통과한다. 내가 얼마나 다른 사람이 되어버렸는지 단면은 모른다. 단면을 말하는 사람도 모른다. 단면을 모르는 사람도 모르기는 마찬가진데, 단면은 통과한다. 통과하라고 단면이 있다. 통과하지 못해서 단면이 있다. 단면에 갇혀 있는 사람. 나는 그를 두고 나와서 어떤 장면을 말한다. 겨우 통과했다고 말한다. 더 성숙해졌다고는 할 수 없다. 더 불길해졌다고도 말할 수 없다. 다만 달라졌다. 지난 십수 년의 단면이 나를 이렇게 만들고는 내버려두었다. 무책임하게 있다. 내가 어쩔 수 없는 단면이 얼마나 많아졌는지 헤아리지 않는다. 헤아리지 않아도 단면은 통과한다. 통과하지 못하면 갇혀 있다. 갇혀 있지 않으면 어떤 소리도 내지 못할 것 같아서 일부러라도 갇혀 있다. 그러라고 예술이 있는 것 같다. 그러라고 다시 통과하는 단면. 나는 지금 다른 사람이다. 나는 지금 다른 사람이고 싶다. 나는 지금 다른 사람이어야 한다. 그러라고 단면이 있는 것 같다. 그러라고 통과가 있는 것 같다. 매 순간 통과했다고 생각했는데 울고 있다. 벽에 부딪혀서 울고 있는 사람이 있다.

*

 시간의 결빙은 어떻게 공간의 결빙으로 이어지는가. 어떤 방식으로 공간의 결빙이 나타나는가. 이런 질문이 가능하다. 시간의 가장 작은 단위로서의 순간이 공간에서 동시성을 가지는가의 문제. 즉 내가 눈을 감는 순간, 조금 더 미세하게는 눈꺼풀이 완전히 닫히는 순간, 바로 그 순간과 동시에 벌어지는 다른 공간에서의 다른 사건이 존재하는가의 문제. 좀 더 미세하게는 하나의 전자가 원자로부터 이탈하는 순간, 바로 그 순간과 동시에 벌어지는 다른 전자의 이탈이 존재하는가의 문제.

 시간이 공간의 간섭을 받는다면, 즉 순간이 공간에 묶여 있다면, 어떤 순간도 동일한 순간의 다른 공간을 가지지 못하는 게 아닐까. 지금 이 순간과 지금 이 공간은 어쩔 수 없이 같이 움직이는 세트다. 둘 다 점으로 환원해서 본다면 시간과 공간, 두 개의 좌표는 언제나 같이 움직이며, 따라서 두 점은 언제나 동일한 수치를 가질 수밖에 없다. 가령, 지금 이 순간을 나타내는 좌표가 1.0002라면 그 순간과 결합하는 공간 역시 그에 상응하는 좌표 1.0002이다.

 순간이 달라지면 공간도 달라진다. 즉 순간의 고유좌표와 공간의 고유좌표는 유일하게 하나씩 짝을 가질 수밖에 없다. 동일한 순간 하나에 상이한 공간 두 개가 존재하지 않는다는 말이다. 반대로 동일한 공간 하나에 상이한 순간 두 개가 존재하지 않는다. 물론 여기서의 순간과 공간은 모두 점으로 생각해야 한다.

   더 정확하게 말하면 공간좌표 하나에 시간좌표 하나만 대응된다. 따라서 어느 순간 어느 좌표공간이 결빙한다면, 그러니까 시간이 정지한다면, 그 시간의 정지는 어느 한 지점에서만 동시에 발생하고 다른 지점에서의 시간의 정지는, 말 그대로 시간의 흐름을 따라(혹은 공간의 흐름에 따라) 차례차례 이루어진다. 시간의 정지조차 공간을 흘러가면서 시간의 흐름을 가진다는 말과도 같다. 마치 호수 중심에서 얼음이 얼기 시작하여 주변으로 그 얼음이 번져가듯이. 정도의 차이만 있을 뿐 시간의 정지(결빙) 역시 시간의 흐름을 따라 번져간다.

   우리는 시간의 단면을 한꺼번에 볼 수 없다. 시간이 정지하는 순간을 두 군데에서 동시에 목격할 수 없다는 말이다. 시간의 정지는 어느 특정한 공간에서의 정지이며, 다른 공간에서의 정지는 다른 시간과 짝을 이룬다.

   따라서 이 우주의 모든 시간이 정지되어 가는 데 걸리는 시간은 (가장 빠른 속도를 빛의 속도라고 한다면) 빛의 속도가 전 우주로 퍼져가는 시간만큼 걸릴 것이다. 시간은 모든 곳에서 한꺼번에, 동시에 정지하지 않는다. 상이한 두 공간에서 동시성을 가질 수 없는 시간은 그래서 유일무이한 하나의 사건으로 수렴된다. 특정한 시간과 공간과 사건. 그것들은 언제나 세트이며 정지해 있다. 어느 하나가 다른 하나를 이탈할 수 없다.

   그럼 질문 하나. 숱하게 정지한 시공간들이 모여서, 흐르는 혹은 번져가는 시공간이 되는가. 이 우주가 되는가. 숱하게 정지한 시공간 자체를 측정하거나 관찰할 수 없다는 점에서 그것은 가상의 사건이다. 특정한 시공간 자체를 정지하게 하는 데도 시간이 걸리지만, 특정한 시공간의 정지를 관찰하는 것도 시간을 잡아먹는 행위다. 즉 정지한 시공간을 관찰하는 데 변해가는 시공간이 개입하고 있으니 모순이 된다.

    우리는 흐르는 존재이며, 떠내려가는 분실물이며, 다시 찾을 수 없는 미아 상태를 매 순간 경험한다. 그것을 지속적으로 경험하면서 잊을 뿐이다. 잊고 싶을 뿐이다.

*

    시간 없이 오직 공간만 느낄 것. 공간만 감지하고 공간만 신경 쓰면서 기술할 것. 묘사하고 서술하고 필요하면 감상도 넣지만 기억은 하지 말 것. 기억은 떠올리지 말 것. 떠올리더라도 단기 기억일 것. 불과 몇 초 전, 기껏해야 몇 분 전의 기억일 것. 이른바 단기 기억이라 일컫는 것. 아무리 길게 잡아도 몇 시간 전의 기억까지는 넘어가지 말 것. 사실상 기억을 삭제할 것. 그래야 인간다워지지 않는다. 그래야 짐승 같아지고 동물 같아지고 식물과 같아질지는 모르겠으나 일단은, 우선은, 인간다워지지 않는 방법. 시간을 지울 것. 시간을 지우듯이 기억을 지울 것. 지우지 못한다면 최소화할 것. 단 몇 분의 시간. 단 몇 초의 기억. 그것만이 허용되는 글쓰기. 단순 기록에 가까워지는 글쓰기. 이런 글쓰기가 과연 문학에 가까워질 수 있을까? 문학은 기억인데. 기억술인데. 그래도 한번 해보자. 불가능에 도전하는 것. 그 또한 문학이니까.

*

눈앞에 휴지 심이 보인다. 두루마리 휴지 심. 다 쓰고 심만 남은 상태의 휴지. 그러니까 휴지라고 할 것이 남아 있지 않은 심으로서의 휴지. 휴지로서의 휴지가 아니라 쓰레기로서의 휴지. 쓰레기는 버려야 하고, 어릴 때부터 지금까지 잘도 교육받아 온 휴지 버리기. 쓰레기 버리기. 쓰레기 같은 것 버리기. 쓰레기 같은 것을 담은 쓰레기통 비우기. 마음을 비우듯이 비우기. 쓰레기를 비우듯이 비우기. 비웃기가 아니라 비우기. 그래 눈앞에는 휴지가 아니라 심이 있다. 버려져야 할 휴지로서의 심이 있다. 그 심을 버리기 전에 채워야 하는 휴지. 새것으로서의 휴지. 새것으로서의 휴지가 떨어지면 사러 가야 한다. 24롤이나 27롤이나 30롤로 포장된 휴지. 이왕이면 3겹으로 된 휴지. 2겹이면 너무 얇아서 잘 찢어지고 잘 찢어지는 만큼 몇 마디를 더 뜯어서 써야 하는 고충이 따르는 휴지. 그래서 3겹으로 된 것만 사는 휴지. 3겹으로 된 것만 쌓이는 휴지. 3겹으로 된 휴지만 해도 이제껏 이사 다닌 집들을 가득 채우고도 남을 듯한데, 2겹까지 합치면 또 얼마나 많은 공간을 휴지로 메꿀 수 있을까? 공간을 메꾸듯이 기억도 메꿀 수 있을까? 휴지로, 휴지 더미로, 2겹이든 3겹이든, 아니 두루마리든 곽 티슈든 휴지라고 일컬을 만한 것으로 다 메꿀 수 있을까? 이제까지의 기억을. 이제까지 남아 있는 장기 기억을. 모조리 메꾸고도 남아 있는 기억이 있다면 그 또한 휴지로 메꾸고픈 마음. 그 마음이 휴지를 쓴다. 휴지를 찾고 휴지를 사용하고 휴지를 용도 변경하여 무엇이든 닦아보자. 닦다가 포기해보자. 포기가 안 되면 메워보자. 휴지로 메워보자.

관계투성이다

 관계를 잇는다는 게 무얼까? 어느 스님이 했던 말을 그대로 잇는다면, 공간을 만든다는 게 아닐까.(그는 '공간'을 '관계'라는 말로 받아서 설명했다) 그럼 관계를 끊는다는 말은? 공간을 없앤다는 말과 통할 것이다.
 나는 지금 어떤 관계를 끊기 위해서 무진 애를 쓰고 있다. 사실상 아무 일도 하지 않는 방식으로. 관계를 잇고 맺고 만들어가기 위해선 어떤 식으로든 노력이 필요하고 노력의 가시적인 결과물이 어떤 식으로든 뒤따라야 하는데, 그걸 하지 않고 있다는 말이다. 관계를 끊기 위해서. 어떤 식의 노력도 하지 않는 상태로 시간을 보내고 공간을 만들고 대신에 관계를 잇기 위해서 있어야 할 시간과 공간은 최대한 애를 쓰면서 흘러가도록 떠내려가도록 제풀에 지쳐 사라지도록 애를 쓰고 있다.
 공간이 하나씩 없어지고 있다. 내가 있었던 자리, 네가 있었던 자리는 물론이고 누구라도 없었던 자리인 것처럼 공간은 하나둘씩 자취를 감추어간다. 아예 없었던 것처럼 지워버리거나 지워지도록 방치한 대가로 관계 하나가(어디 하나뿐일까마는) 정말로 사라지고 있다. 사라져야 한다가 아니라 사라지는 것이 당연한 것처럼 최대한 무감한 표정으로 시간을 보내고 있다.

시간은, 다시 어느 스님의 말을 빌리자면, 변화라고 했다. 시간이 변화라면, 시공간은 그럼 변화하는 관계 혹은 관계의 변화쯤 될 것이다. 시간과 공간이 숙명적으로 맞물려서 돌아가는 것을 한 단어로 받은 것이 시공간이라면, 관계와 변화 또한 서로 다른 말이 아니라서 한 덩어리처럼 움직이는 어떤 새로운 단어가 필요할지도 모르겠다. 그걸 뭐라고 부를까? 관계와 변화, 변화와 관계를 하나로 뭉뚱그려 굴러가게 하는 그 단어를 지금 당장 찾아보거나 만들어낼 생각은 아직 없다.

다만 관계 하나를 끝내고 싶을 뿐이다. 공간 하나를 사라지게 만들고 그래서 시간 하나를 더는 만들어내고 싶지 않은 상태로 하루가 흐르고 이틀이 흐르고 이 모든 시간이 허비되는 시간이라는 생각이 절정을 향해갈 때, 나는 드디어 공간을 망치기로 결심했다. 이 관계를 끝내기로.

*

생각은 여기서 몇 년째 머물러 있다. 와중에도 관계투성이다. 어디를 가도 그렇고 누구를 만나도 마찬가지. 관계투성이다. 이 관계와 저 관계. 중요한 관계와 중요하지 않은 관계. 훼손된 관계와 싹트는 관계. 모든 것이 관계투성이다. 사람과 사람 사이의 관계. 사물과 사물 사이의 관계. 사건과 사건 사이의 관계. 이 모든 관계 속에 누가 있는가, 무엇이 있는가 묻기 전에 우선은 내가 있다. 관계로 말을 시작해서 관계로 얘기를 끌어가다가 종내에는 어떤 관계로 귀결될지 알 수 없는 글을 쓰고 있는 나.

   나에 대한 얘기는 지쳤다. 너에 대한 얘기도 할 만큼 한 것 같다. 그게 누구든. 그에 대한 얘기는 더 들어봐야 알겠지만, 그런다고 관계가 달라질까. 관계에 대해 더 말할 수 있는 것이 늘어날까. 모를 일이다. 관계는 계속해서 있고 계속해서 발생 중이고 계속해서 훼손되면서 지속되거나 소멸될 것이다. 관계를 말하자니 무척이나 할 말이 많은 줄 알았는데, 뚝 끊긴다. 뚝 끊기는 이 말은 무엇이고 이 관계는 무엇일까. 무엇과 맺고 있는 관계. 어디를 향해 가는 관계. 알 수 없는 말만 잔뜩 늘어놓고 있는 나는 그럼에도 여전히 관계 중이다. 너와 그와 그리고 나도 미처 감지하지 못하는 어떤 것들과. 사실상 모든 것들이겠지만, 일단은 어떤 것들과.

비인간 찾기

사람을 찾지 않는다. 사람을 구하지도 않고 애걸하지도 않는다. 사람은 사람이고 다 다른 사람이다. 나와는 다 다른 사람이다. 내 생각이 있고 내 입장이 있고 내 처지가 있듯이 나와 다른 그들에게도 모두 생각과 입장과 처지가 있고 다 다르다. 감정도 다르고 기질도 다르다. 하나같이 달라서 사람으로 모여 있는 곳에 내가 살고 있다. 내가 있다. 네가 있듯이 그가 있고 그가 있듯이 전혀 모르는 누군가가 같이 살고 있다. 근처에 살고 있어도 모르는 사람들이 멀리 있다고 더 모르는 것이 아니듯 살을 붙이고 사는 처지로 탈바꿈한다고 해서 또 얼마나 달라질지 장담할 수 없다. 차라리 모르는 상태가 더 나았을 관계도 있다. 아예 남남일 때가 더 행복했을 때도 있다. 같이 붙어 있어서 원수보다 못한 관계가 되는 경우. 얼마나 많은가. 얼마나 허다한가.

누군지 몰라서 상관없는 사람과 마찬가지로 너무 가까워서 원수만큼 멀어진 사이. 아니 원수만큼 긴밀하게 내 생각을 장악하고 있는 사이. 이런 사이들이 쌓이고 누적되면서 한 사람은 늙어간다. 죽어간다. 죽으면 끝이라는 생각도 죽어봐야 찾아오는 미지의 세계.

알 수 없는 세계이자 공포의 세계. 불안의 세계. 이런 세계까지 고려할 여지가 없을 때 여유도 없을 때 문득 드는 생각. 사람을 찾지 말자. 사람에게서 기대할 만한 것을 찾지 말자. 구하지도 말고 그냥 살자. 죽은 듯이 살자. 생각이 이 지경까지 이르면 사람 대신 새삼 사람 아닌 것을 생각하려고 한다. 사람이 아닌 데서 생각거리를 찾으려고 한다. 죽을 때까지 사라지지 않는 것이 생각이고 번민이고 번뇌라면, 새삼 사람에 얽매여서 힘들어지지 말자.

누군가의 생각에서 비인간이라는 말은 이렇게 해서 탄생한다. 누군가의 글에서 비인간이라는 단어도 따지고 보면 어떤 거창한 계획이 있어서가 아니라 그저 인간이 아닌 곳에 마음을 두고 싶은 마음에서 탄생한다. 마음을 움직이는 곳에 마음이 있고 그 마음의 환영으로 인간이 아니라 인간 아닌 어떤 것을 떠올리는 마음. 그 마음이 비인간을 찾는다. 비인간을 생각하고 비인간을 생소하게 구현하려고 애를 쓰는지도 모르겠다.

생각해보면 이건 지극히 방어적인 자세다. 더는 인간 때문에 상처받지 않겠다는, 불행해지지도 않겠다는 생각에서 나오는 자세. 그래서 찾는 비인간. 비인간적인 어떤 것들. 사실상 약하기 그지없는 생각에서 비롯된 비인간 찾기는 그러나 그걸로라도 시간을 보내보려는, 어찌해도 지나가기 마련인 시간을 어떻게든 조금은 덜 괴롭게 버텨보려는 한 인간의 절박한 방어 심리에서 비롯된 것인지도 모른다. 절박하면서도 손쉬운 방어 심리. 인간이 되지 말자. 인간을 구하지도 말고 인간 없이 사는 세상처럼 인간을 살자. 인간을 대하고 인간을 벗어나자. 인간과 같이 살면서도 인간이 아닌 것으로 애써 보듬어 안으려는 이 심경을 이해해주는 자, 새삼 인간이 아니어도 좋다는 생각으로 구한다. 인간이 아닌 무엇을.

그런데 무엇을? 무엇을 찾고 구한단 말인가? 둘러보면 다 인간이다. 둘러보면 인간 아닌 것이 없는 인간의 흔적들이다. 온갖 인공적인 부산물로 지탱되는 도시도 자연의 섭리에서 벗어날 수 없는 것과 마찬가지로 오직 비인간만을 구하는 자의 시선에도 인간은 어쩔 수 없이 끼어들어서 흔적을 남긴다. 그러고 보면 인간이 되지 말자는 말도 인간의 말이다. 인간의 생각이고 그래서 생각마저 비워버릴 수 없는 것이 어쩔 수 없는 인간의 한계라면 그 한계마저도 모두 벗어버린 존재. 어쩌면 그것이 가상의 존재인 신이 아닐까. 신에 준하는 어떤 개념들이자 형상들이지 않을까.

그러나 나는 신을 구하고 싶지 않다. 신도 결국엔 인간의 영역으로 들어와서 인간의 흔적으로 채워지는 존재로 이 세상에 강림하고 계시지 않는가. 신이 아니라 또 인간이었다. 온갖 종교들의 대체적인 귀결점은. 예외가 있을 수 있겠지만 예외까지 고려할 생각이 없는 곳에 종교에 대한, 신에 대한, 혹은 인간의 다른 형상에 대한 호감과 믿음을 저버리는 방식으로 비인간을 생각하는 인간이 있다. 한 인간의 부질없는 비인간 찾기가 있다.

그럴듯하게 비인간 프로젝트라고 명명한들 실상은 결론이 나 있는 작업이자 희망사항. 비인간의 개념과 형상을 구하는 자의 모든 노력은 수포로 돌아가면서 다시 인간에게 도착한다. 내가 아니면 누구에게라도 도착할 것이다. 그 누군가를 위해서 나의 비인간이 그렇게도 헌신하는 곳에 무엇이 있겠는가. 아무것도 없다. 오직 인간뿐이다. 인간은 인간이 죽을 때까지 죽지 않는다. 인간은 인간이 사라질 때까지 인간이다. 인간에게 인간은 인간으로서 영원불멸이다. 이미

불멸이다. 멸하지 않는 인간들 속에서 다시 비인간이 되는 것을 고민하는 자는 역설적으로, 아니 당연하게도 인간을 들여다봐야 한다. 인간에게서 인간을 들여다보고 역설적으로 아니 당연하게도 비인간의 역상을 찾아야 한다. 비인간의 역상이 되는 지점을 찾기 위해서도 인간이 있다. 나라는 인간이 있고 너라는 인간이 있고 나머지 모든 인간들이 군상으로 있다. 그들에게서 역상을 찾자. 비인간의 역상이 되는 지점을 구하자.

비인간의 역상이 되는 지점은 그럼 어떤 것일까? 어떻게 생겨 먹은 것이 어떤 위치를 거느리며 있는 것일까? 쉽게 말해 그것은 인간적인 어떤 감정일까? 아니면 지극히 인간적인 어떤 이성일까? 그도 아니면 인간만이 키워왔다고 할 수 있는 어떤 신성함일까? 비루함일까? 비참함일까? 추하고 더러운 것과 극적으로 연결되는 어떤 아름다움일까? 알 수가 없다. 알 수가 없는 가운데 오늘도 창밖의 공사 소리는 그치질 않고 퍼지고 있고 창밖을 떠도는 온갖 잡상인들의 확성기 소리도 그치질 않고 내 귓속을 파고들면서 생각을 남긴다. 저들이 없는 곳은 이 세상에 없다. 저 소리가 없는 곳은 이 세상에 없다. 있다면 지금 내가 없는 곳이다. 지금 내가 있는 곳에 온갖 소음들의 정체가 있고 온갖 소음들의 폐해가 있고 증오도 있고 분노도 있고 용서도 있고 자포자기하는 마음까지 다 있다.

포기하고 싶을 때 나는 편안해진다. 포기하고 싶을 때 편안하게 죽을 수도 있는 인간이 드디어 되는 것 같다. 포기하고 살자. 인간적인 어떤 희망을. 다 접고 살자. 인간의 어떤 측면을. 사랑이든 우애든 애정이든 욕정이든 다 밀어버리는 지점에서 한 인간의 죽어도 좋은 마음이 탄생한다. 그러니 죽은 듯이 살자. 죽고 나면 그뿐인 자가 죽지 못해 살고 있다면 죽은 듯이 숨 쉬고 죽은 듯이 말하고 죽은 듯이 생각의 미래를 밝히자. 너도 곧 죽을 거라고. 나도 곧 죽을 것이고 죽음 이후를 보장받지 못한 처지에서 하나같이 동일한 너와 내가 죽음을 공평하게 나누어 가지면서 비로소 편안해진다. 이 마음. 비로소 잊을 수도 있을 것 같다. 저 마음. 비로소 내가 아닌 것 같다. 이 모든 마음을 통틀어서 내가 아닌 무언가가 있다. 그 무언가에 실려서 내 말은 나간다. 내 말이 나간다. 내 말이 나가기를 간절히 바라는 것도 아닌 심정으로 나간다. 물이 새어 나가듯이 공기가 퍼져나가듯이 연기가 정처를 모르고 헤매듯이 내 말은 이미 내 말이 아니고 네 말도 아니다. 그것은 인간이 아니다. 인간이라고 한다면 인간이 받아다오. 인간이 받아줄 것이다. 정처 없는 그 말을. 출처 없는 그 생각을.

    부질없는 그 생각의 뿌리를 다시 생각한다. 인간이 있는 곳에서 인간의 뿌리를 다시 생각한다. 멀리 갈 것 없이 나의 뿌리는 나를 여기까지 밀고 와서 내버려두고 있다. 무슨 말을 해도 괜찮다는 표정이지만, 그 표정은 내가 알 바 아니다. 나는 말을 하는 사람이다. 나는 말을 주워 담는 사람이다. 나는 말을 삼키고 쉽게 내뱉지 못하는 사람이다. 나는 사람이다. 지겹게도 이 말을 되풀이하면서 나는 죽어간다. 늙어간다. 더 늙기 전에 입을 다물자. 마치 전원이 꺼진 인공지능처럼. 그 많은 생각을 가장 재빠른 속도로 지워버리는 가상의 지능처럼 내가 있기를 바라는 심정. 깔끔하게 죽자. 다물지 못할 것 같으면 삭제해야 한다. 그 입을. 삭제하지 못하면 삭제하지 못한 채로 계속 있을 것이다. 죽을 때까지 그 입을 막지 못할 것이다. 누가 막아줄 것인가? 손이 아니면 총이다. 총이 아니면 또 어떤 무기가 있어 눈앞에 둘 것인가? 고민하지 말자. 어차피 시간은 내 편이 아니다. 어느 누구의 편도 아니다. 공평하게 와서 공평하게 데리고 간다. 그럼에도 불공평한 것이 있다면 입을 다물자. 신나게 떠들어대고 있는 저 입을. 공평하게 틀어막아 버리는 저 손을. 어떤 깨우침도 없는 이 글까지 포함하여.

가장 없어 보이는 말

시는 말한다. 가장 못난 말로 말한다. 가장 못난 말이 가장 못난 말을 갱신하고 또 갱신하면서 나오는 말. 갱신이니 매번 달라야 하고 새로워야 하고 그래서 단순히 못난 말이 아니라 온갖 못난 말의 경연과 경쟁을 이겨내고 나온 잘난 말처럼도 보이는 말. 그 말이 시의 말이라면 이 세상에서 으뜸가는 못난 말이어야 하겠지만, 이 세상 끝까지 거론하면서 못난 말을 찾아 헤맬 필요는 없어 보인다. 멀리 갈 필요 없이 나의 말이 가장 못난 말이기 때문이다. 나의 말 중에서도 가장 못나고 모자란 말이 있기 때문이다. 나의 말에서도 가장 못나고 모자라고 후져 보이는 구석에서 나오는 말이 언제나 있기 때문이다.

한 인간의 가장 밑바닥에서 올라오는 말. 밑바닥을 딛고 나오는 말. 밑바닥 없이는 도무지 있는지 없는지도 모르겠는 그 말이 어느 순간 나의 바다을 이루는 온갖 말을 헤치고 올라올 때, 그 말이 향하는 곳 중 하나로 다시 시를 빼놓을 수 없을 때, 시는 말한다. 시가 말한다. 바닥을 짚고 올라온 말로 말한다. 구석을 헤집고 올라온 말로 말한다. 가장 못나 보이는 말이 가장 모자라 보이는 말로 가장 없어 보이는 말을 말한다.

시는 가장 없어 보이는 말이다. 적어도 있어 보이는 말을 지향하는 말은 아니다. 없어 보이는 말이 없어 보이는 말을 극단으로 지향할 때, 극적으로 있어 보이는 말처럼 보일 때도 있기는 있다. 간간이 있는 그 순간을 위해서 시의 말이 있어 보이는 말을 부러워하지는 않는다. 부러워할 필요도 못 느끼는 와중에 나의 말은 툭툭 튀어나온다. 가장 없어 보이는 말이 가장 없어 보이는 사람의 가장 없어 보이는 지점을 건드리며 나온다. 못난 인간. 모자란 인간. 없어 보이는 인간.

이런 인간이 시를 쓴다. 이런 인간이 시를 쓴다고 세상 모든 시가 없어 보이는 것은 아니겠지만, 없어 보이는 속성은 어디 가서도 사라지지 않고 끈질기게 붙어 있다. 스며 있거나 숨어 있다. 그러니 그 속성을 버릴 생각조차 아예 버리면서 다시 붙드는 것이 시라고 한다면, 시의 말은 어떤 식으로든 없어 보이는 말을 떠날 수 없는 말. 떠나서도 안 되는 말. 그러니 최대한 없어 보이는 상태로 견디는 말이 이제부터 궁리하는 것은 정해져 있다. 어떻게 없어 보일 것인가?

없어 보이는 말은 궁리한다. 시가 말하기 이전에 없어 보이는 말이 궁리한다. 있어 보이는 말 틈에서 궁리하고, 있어 보이다가 없어 보이는 말 틈에서도 궁리하고, 영원히 없어 보일 것처럼 없어 보이는 말 속에서도 없는 듯이 궁리하는 말. 없어 보이는 말. 한때는 그 말이 극단을 향하면서 있어 보이는 말 못지않게 있어 보이기를 바란 적도 있다. 없어 보이는 말이 극적으로 있어 보이는 말로 화하는 순간을 즐겼던 적도 있다. 없어 보이는 말이 가장 강력해지기를 기다리며, 있어 보이는 말 틈에서 늠름하게 서 있기를 바랐던 적도 있다. 나는 충분히 없어 보이지만 적어도 내 말은 없어 보이는 경지를 뚫고 나와서 창이나 칼이 될 수도 있다는 희망을 가져본 적도 분명히 있을 것이다. 무기가 안 되면 지붕 위에서 홀로 흔드는 아름다운 백기라도 되기를 바랐던 적이 왜 없었겠는가. 그러나 백기는 백기고 무기는 무기며, 없어 보이는 말은 없어 보이는 말이다. 다시 제자리로 돌아가는 말. 돌아와서 맴도는 말. 제자리가 뭔지도 모르는 말이 제자리를 생각하며 궁리한다.

제자리는 없다. 있어도 없어 보인다. 다시 보니 가고 싶은 자리도 없어진 것 같다. 갈 수 있는 자리도 거의 없어진 것 같다. 무엇이 남았는가? 없어 보이는 말. 차라리 없는 말이면 깔끔했을 말. 차라리 없는 말이었으면 생각도 고민도 후회도 없었을 말. 그러나 있다. 없어 보이게라도 있다. 그것이 있다. 그것이 있으니 계속해서 말한다. 쉬지 않고 말한다. 지쳐서도 말하는데 없어 보이는 말을 누가 귀담아 듣겠는가. 없어 보이는 자가 듣는다. 한없이 없어 보이는 상태를 한없이 없어 보이는 마음으로 듣는다. 즐기면서 듣는 것인지 싫어하면서 듣는 것인지 아니면 무슨 다른 생각이 있어서 듣는 것인지 그건 알 바가 아니다. 없어 보이는 말을 듣는다. 없어 보이는 자가 듣는다. 더 없어 보이는 자가 듣는다. 더 없어 보이는 상태는 얼마든지 있다.

그래서 있다. 없는 채로 있는 것을 지향하며 있다. 그 또한 없어 보이기는 마찬가지지만, 상관없이 있다. 없는 것이 있다. 없어 보이는 것까지 모조리 껴안고서 있다. 버릴 듯이 있다. 숨길 듯이 있고 뜻도 없이 있다. 그것이 무엇이든 있다. 없는 것이 있다. 없는 듯이 있다. 없어 보여도 있기는 있다. 없어 보임의 극단은 없음으로 있다. 그래서 본다. 없어 보임의 극단에서 있어 보임의 극단을 부러워하며 있다. 지금은 당연하게 여기며 있다. 당연하게 있다. 비웃어도 있다. 극단은 있다. 도달하지 못해도 있다. 없어 보임은 더 없어 보임을 알지 못해도 있다. 없음도 마찬가지. 더 없음을 알아보지 못하더라도 있다. 없음은 있다.

순간이나마 있다. 그 순간을 보라고 있다. 그 순간이 보이려고 있다. 그 순간이 안 보이면 순간과 순간을 더 잘게 쪼개어서라도 있다. 숱하게 많은 것이 있다. 없는 것이 있다. 없는 것이 더 없는 것을 덮으면서 있다. 없으니까 있다. 더 없는 것이 분명히 있다. 있을 것이다. 이런 확신으로 본다. 이런 확신으로 있어 보이든 없어 보이든 보이는 삶과 보이는 자의 외피를 본다. 생활을 본다. 일상을 보고 일상으로 점철된 장면과 장면을 또 본다. 장면은 있다. 어떤 식으로든 장면을 살고 있는 자가 있다. 그 장면에서 그가 문득 본다. 어떤 장면에서도 그가 문득 본다. 충분히 볼 수 있는데, 충분히 보이는 장면을 매일같이 목도하는 데, 매일같이 해야 할 일은 다른 일. 먹고사는 일. 계획을 짜는 일. 계획이 어그러지는 것을 괴로워하는 일. 계획도 없이 내일 저녁엔 뭘 먹을까를 고민하는 일. 이런 일들이 하루하루를 이룰 때, 이런 일 말고도 일이 될 만한 것들이 쌓이고 쌓여서 하루를 보내고 이틀을 보내는 일. 지나고 나면 모두 지나간 일.

와중에도 있었을 것이다. 하루에도 몇 번씩 있었을 것이다. 없는 순간을 목격하는 일이 지금까지 얼마나 있었는지 모르겠지만 분명히 있었을 것이다. 앞으로도 있을 것이 분명한 그 순간을, 없음의 순간을, 누구라도 한 사람 본다면, 보는 순간이 보인다면, 그대로 보면서 적을 것이다. 그가 이쪽을 본다고. 그가 이쪽을 보고서 멍하니 있다고. 나 말고 아무것도 없는 이쪽을, 심지어 나조차도 없는 것처럼 보고 있는 이쪽을, 그래서 없음의 한순간으로 찍힌 이쪽을, 절정도 아니고 지속도 아닌 어느 한순간의 이쪽을, 어느 때인가 한 번은 보게 될 이쪽의 없음을, 물끄러미 바라보는 자의 표정을 오래오래 담아두는 방식으로, 적을 것이다.

    그가 이쪽을 본다. 생활하다가 본다. 식당에서 혼자 밥을 먹다가 보고, 둘이서 산책하다가도 보고, 여럿이서 한 편의 연극을 보다가도 본다. 화장실에서 일을 보다가 보고, 비누칠한 얼굴로 거울을 보다가 보고, 처음 보는 사람의 익숙한 예의범절 앞에서도 보고, 걸었던 곳을 또 걷고 있는 산책길의 어제와 다른 오늘의 이상한 기분 앞에서도 본다. 그것을 본다. 그것이 없는 순간을 본다. 없는 순간의 그것을 본다. 그것은 없다. 어디에도 없는데 그가 이쪽을 본다. 잠깐 넋이 나간 듯이 이쪽을 본다. 그 순간이 얼마나 되겠는가. 그래도 본다. 이쪽을 보는 자는 지금도 보고 있을 것이다. 정지한 채로 이쪽이 있다. 다 지나가고 없는데도 있는 것. 그것을 본다. 그가 이쪽을 본다. 아무것도 없는 자가 이쪽에 있다.

자꾸 보이는 존재

나는 자꾸 보인다. 뭐가 보이느냐고 묻지 마시라. 나는 자꾸 보인다. 내가 자꾸 보인다는 말이다. 그럼 누구에게 보인다는 말인가? 이것도 묻지 마시라. 내가 보이는 것은 누가 보는 것을 전제로 한 보임이 아니니까. 나는 보이고만 있을 뿐이다. 누가 보든 말든 나는 보이면서 있다. 있으면서 자꾸 보인다. 어디에? 어디에든. 언제나? 때에 따라선 안 보인다. 때에 따라 나는 안 보이는 존재다. 자꾸 안 보이는 존재이기도 하다. 나는 좀체 안 보이는 존재이기도 했는데, 안 보이면 계속 안 보이는 채로 지내면 좋을 것을 언젠가는 또 보인다. 내가 보이고 마는 것이다. 나는 보이고 마는 존재이다. 무엇을? 그럼 나의 무엇을 보인다는 말인가? 나의 전부라고 해두자. 나의 전부를 보이지만 나의 전부가 보이는 것은 아닌 상태. 그 상태로 보이는 나는 나의 일부다. 나의 일부를 보인다. 나의 일부를 보이고 나의 전체를 들킨 것처럼 괴로워하거나 부끄러워하거나 민망해하면서 지나온 시간에도 나는 보인다. 나는 자꾸 보인다. 무언가를 보인다. 보이기 싫어도 보인다. 차라리 내가 나를 보고 말지. 아니면 내가 다른 것을 보고 말지. 사람이든 사물이든 사건이든 아니면 타인이든 타자든 타지의 다른 사건이든 내가 보는 것이 나을 수도 있는데, 보면서 지껄이는 것이 더 속 편할 수도 있는데, 나는 보면서도 보이는 존재다. 나는 안 보면서도 보이는 존재이고, 보이지 않으면 보이지 않는 채로 보이기를 기다리는 존재인가? 말할수록 나는 보이는 존재로서 자신이 없다. 한없이 보이기 싫기도 하다. 보이고 싶지도 않은데, 보이고 있는 존재, 보이고 마는 존재. 그런 사람이 무얼 보겠다고 나서서 이런 말을 하는가? 나는 보고 싶지만 다 보이지 않는 존재를 본다. 나는 보이고 싶지만 다 보고 싶지 않은 존재에게 말을 건다. 그만 보이라고. 그만 보이면서 오라고 여기 있지도 않은 그에게 말을 건다. 그는 방금 전까지 여기 있었다. 오래전에도 여기 있었다. 단 한 순간도 여기 있지 않은 적이 없다. 그게 나인가? 아니다. 내가 아니면 누구란 말인가? 보이는 존재다.

*

중요한 것은 모든 것이 지켜보고 있다는 사실이다. 지켜보지 않는 듯이 지켜보고 있다는 사실이다. 없는 듯이 그 자리에 있는 것처럼 그 자리에서 자신의 존재감을 스스로 피력하지 않는 방식으로 피력하는 먼지 같은 존재들. 공기 같은 입자들. 파동 같은 운동들이 이 세계 곳곳에서 공간을 차지하고 있고 장소를 만들어내고 있다는 사실이다. 없는 듯이 존재하는, 보지 않는 듯이 보고 있는, 아니 보는지 안 보는지도 모르게 거기 그 자리에 놓여 있거나 묻혀 있거나 혹은 그 자리에서 다른 자리로 움직이는 줄도 모르게 움직이고 있는 그 모든 미미한 존재감의 존재들이 미미하게 미치는 영향을 우리는 모른다. 거의 모른다. 간혹 알 때도 있지만 알더라도 조치할 수 있는 것은 거의 없다. 사실상 없다. 그들이 미치는 영향이 미미한 만큼이나 그들에게 취할 수 있는 조치라는 것도 미미하기 그지없을 것이기 때문에, 우리는 아무것도 하지 않는 방식으로 그것들의 존재를 본다. 미미하게 존재하는 것들을 미미하게 존재한다고 겨우 말하는 것이다.

*

따지고 보면 중요한 것은 아무것도 없다. 아무것도 없으니 따지고 볼 것도 따지고 들 것도 딱히 없는 상태에서 사물을 본다. 사건을 보고 상황을 보고 맥락도 없고 이것저것 다 보지만 중요한 것이 없다. 중요한 것은 없다. 없으니 보자. 신선놀음하듯이 보자고 해봐야 그러지 못할 것 뻔히 아니까 보자. 그냥 본다. 중요한 것도 중요하지 않은 것도 없이 그냥 본다. 보니까 보이는 것. 저것도 중요하고 저것 옆의 것도 중요하고 저것 옆의 옆의 것도 다 중요하다. 중요하지 않아서 중요하다. 모든 것이 중요하지 않다면 모든 것이 중요하다는 말도 충분히 가능하니 보자. 일단은 보자. 처음 보는 것처럼 보자. 처음 보는 것처럼 보는 것이 어렵다면 마지막으로 보듯이 보자. 마지막이라 여기고 보면 다 처음 보는 것처럼 신기하고 슬프다. 끝내는 슬프다. 마지막으로 보는 것이기에 슬프다. 그걸 눈에 담는다.

오늘은 무얼 쓸까?

3부

안과 밖이 따로 없는 공간에서 나는 쓴다.

우리 집의 기억을.

지금은 증발하고 없는 어떤 대문들의 기억을.

어떤 방문들의 과거를 모조리 지워가며 다시 쓴다.

요동과 흔들림

찻잔에 반쯤 마신 차가 남아 있었다.
무슨 차인지 알 수 없을 만큼 맑은 빛깔의 차였다.
여느 물과 다름없이 투명한 찻물을 가만히 들여다보면
가만히 우러나오는 그 차만의 미미하지만 독특한
빛깔이 보일 만도 한데
보이지 않았다. 차가 남아 있었다. 찻물이 반쯤 남아서
찻잔에 담긴 채 흔들리고 있었다. 찻잔이 놓인 탁자를
나도 모르게 건드린 손이 있었기 때문이다.
손을 뻗다가 건드린 탁자의 가장자리가 있었기
때문이다.
누구의 잘못도 아니고 책임도 아닌 건드림이 있었다.
굳이 말하면 나의 책임. 내 손의 잘못. 아니면 탁자의
가장자리에
전가할 수도 있는 잘못과 책임이 불러일으킨 찻잔 속의
요동과 흔들림.
같은 말 아닌가. 요동이든 흔들림이든 찻잔 속의 반쯤
남은 물은
흔들리고 있었다. 잠시 요동치고 있었다. 찻물이었다.
물과 다름없이 맑은 찻물이었다. 내가 그걸 건드린

것이다.

내 손이 그걸 흔들어댄 것이다. 나는 책임지고 싶지 않다.

내 손에 책임을 전가하고 싶지도 않다. 생각지도 않게 튀어나온

탁자의 가장자리도 생각지도 않게 거기 있었을 뿐이다.

그러니 아무 잘못도 따지지 말자. 어떤 책임도 묻지 말자.

찻잔은 찻잔대로 조용히 흔들리는 찻물을 담고 있다가 고요해졌다. 언제는 시끄러웠던가. 조용하기만 했다.

조용히 흔들리기만 했다.

고립이 문제다

어제는 제자들이 찾아왔다. 나한테도 제자들이 있다는 게 신기하지는 않다. 시를 가르치든 문학을 가르치든 다른 무언가를 가르치든 가르치는 것이 있으니까 선생이고 선생이니까 제자가 있다는 사실. 하나도 신기할 것이 없는데 당연해 보이지는 않는다. 제자들이 나를 찾아와서 나와 얘기를 나누고 나한테서 한마디라도 무언가를 더 듣고 가는 일들이 달에 한 번 이상은 있는 것 같은데, 일 년에 족히 열 번은 넘어갈 것 같은데, 그럼 나는 누구를 찾아가서 인사를 드리고 담소를 나누고 귀담아들을 것이 있으면 귀담아듣고 오는가? 이런 질문을 했을 때, 나는 없다, 거의 없다고밖에 말하지 못하는 사정이 갑자기 이상하게 다가온다.

　나는 누구도 찾아가지 않는 사람이다. 스승은 물론이고 선배나 동료에게까지 어느 순간 전혀 찾아가지를 않는 사람이 되었다. 차라리 후배나 제자를 붙잡고 얘기했던 적은 있는 것 같은데, 그 또한 그가 먼저 찾아와서 얘기를 나누는 중에 튀어나오는 것이 대부분이다. 나는 왜 찾아가지 않는 사람이 되었는가. 선생이든 선배든 동료든 후배든 심지어 제자든 나는 왜 사람을 찾지 않는 사람이 되었는가?

이런 자책이 물밀듯이 밀려오는 저녁이 엊저녁이었고 엊저녁에 나는 제자 둘을 만나서 담소를 나누었다. 대부분 내가 잘하지 못했던 것을 중심으로 조언했던 것 같다. 사람을 찾아가라. 자신을 고립시키지 말라. 인사를 자주 드려라. 자주가 아니면 꼭 필요한 때라도 잊지 말고 드려라. 특히나 윗사람들에게는. 말하면 말할수록 내가 정말로 못하는 것만 골라서 충고하고 있는 꼴이라서, 마음은 진심이지만 진심으로 괴로웠다. 충고하면서 충고하는 자답게 내심 괴로운 내색 따위 전혀 하지 않았지만, 괴로웠다. 괴로운 밤을 맞으러 또 혼자 쓸쓸히 돌아오는 길에서도 문제는 나였지, 돌아서 가는 제자들이 아니었다. 그들은 이미 잘하고 있다. 이미 나를 찾아온 사람들이지 않은가. 고립무원의 나를 찾아와서 인사라도 하고 가는 이들이지 않은가.

나는 아무도 찾아가지 않았다. 그것이 죄악이라는 것을 뒤늦게 깨닫고 있는 사람이 어느새 오십 줄을 바라보는 나였다. 나는 아무도 찾아가지 못했다. 찾아가는 것이 왜 그렇게 힘들었을까. 대부분 내가 귀찮아서 핑계를 만들어댔던 것 같다. 그 사람은 나를 반기지 않을지도 몰라. 그 사람과 새삼 무슨 대화를 하지? 그 사람은 늘 바쁜데 나를 만나줄 시간이나 있을까? 그 사람은 나 아니더라도 만나야 할 사람이 많아. 아니, 이 모든 것이 핑계였다. 내가 귀찮아서 만든 핑계. 골치 아프게 고민하기 싫고 행동으로 옮기기는 더더욱 싫어서 만든 핑계. 그 핑계가 십 년이고 이십 년이고 쌓이면서 나를 고립시켰다. 어지간히도 고립시켜서 만든 '일 인의 섬'이 바로 나다. 자랑스러운가? 전혀 그렇지 않다는 것을 오늘 아침에 다시 확인하면서 이 글을 쓴다. 고립은 죄악이다. 타인에게도 죄악이고 누구보다 나에게 죄악이라는 사실을, 죄악 중에서도 최악이라는 것을 오늘 아침에야 밝힌다. 나는 의도치 않았지만 정말 많은 죄를 지었다. 누구보다 나에게.

고립된 사람은 문제도 고립된 채로 푼다. 풀려고 애를 쓰는데, 고립된 사람의 문제라는 것이 대부분 고립되어서 생기는 문제인데, 고립된 채로 풀려고 하니 풀리기는커녕 더 엉켜버리는 것이 고립된 사람의 고립된 패턴이다. 그러면서 그는 점점 더 고립된 사람이 되어간다. 고립된 채로 고립을 풀려는 노력도 그만두는 사람이 되어간다. 그가 누구인지는 새삼 밝힐 필요가 없을 것이다. 나라는 고립의 한 결과물을 말하기 위해서 새삼 더 고립된 상황을 들먹이고 싶지는 않다. 그냥 고립 자체를 말하려고 할 뿐이다.

고립은 대체로 고집이 세고 자존심도 센 편이다. 고립을 장착한 사람의 성격도 크게 다르지는 않을 텐데, 여기에 소심하고 뭐든지 귀찮아하는 성격까지 따라붙으면 고립의 조건으로서는 더할 나위 없이 만족스러운 조건일 것이다. 아니다. 결정적으로 한 가지가 빠졌다. 고립은 무엇보다 이기적인 성격이어야 한다. 이기적인 성격까지 더해져야 고립을 완성할 수 있는 완벽한 조건이 되지 않을까? 뱉어 놓고 보니 곧바로 다른 생각이 올라온다. 곧바로 다른 생각들이 올라와서 이기적인 것의 의미를 다시 생각하게 만든다.

흔히들 이기적인 것의 반대말로 이타적인 것을 떠올리기 마련인데, 과연 저 둘이 정반대의 성격일까? 정반대의 성격이기만 할까? 단적으로 말해, 어리석게 이기적인 사람은 이타적일 수 없지만, 현명하게 이기적인 사람은 이타적일 수 있다. 아니 이타적일 수밖에 없다. 인간은 사회적인 동물이라는 명제가 옳으면 옳을수록 타인을 이롭게 하는 것과 나를 이롭게 하는 것은 무관한 관계에 놓일 수 없다. 오히려 한 몸처럼 작동하면서 양자의 덩치를 키우는 것 같다. 나를 이롭게 하는 것과 타인을 이롭게 하는 것. 양자가 불가분의 관계에 놓인 것이라면, 이기의 반대는 이타가 아니라 다른 무엇이지 않을까? 자신을 이롭게 하는 것의 반대는 명백히 자신을 해롭게 하는 무엇일 것이다. 그걸 뜻하는 단어로 뭐가 좋을까 싶어 사전을 뒤져보다가 관두었다. 자신을 해롭게 한다는 의미가 담긴 단어는 이 글에서 이미 써먹고 있지 않은가. 그래, 고립이다. 고립이 나를 해롭게 한다. 나를 괴롭게 하고 나를 불행하게 만들며 불쌍하게도 만드는 그것이 고립이라면, 고립은 이기를 포함하지 않는다. 포함하더라도 어리석은 이기라는 조건을 붙이면서 포함한다. 이기가 문제가 아니라 어리석음이 문제겠지. 어리석음에 더하여 뭐든지 귀찮아하는 성격이 문제겠지. 그게 뭐든지 관계가 생기는 것을 회피하거나 거부하는 성격이 문제겠지. 고립은 고상한 단어가 아니다. 아주 귀찮아서 생기는 단어다.

아주 귀찮아서 생긴 단어. 이 말도 귀찮아서 대강 쓴 말이다. 정확하게 쓰려면 다시 써야 한다. 부지런을 떨어야 하는데, 귀찮아서 저대로 둔다. 귀찮아서 억지로 다시 쓴다. 고립은 사람도 일도 관계도 모두 귀찮아서 내버려둔 끝에 찾아오는 결과물이다. 고립이 찾아오기까지 많은 시간을 기다릴 필요는 없다. 십 년이면 충분하다. 십 년만 귀찮아해도 웬만해서는 다 떨어져 나간다. 사람도 일도 관계도 십 년이면 충분히 버틸 만큼 버티다가 떨어져 나간다. 너는 이제 혼자다. 이 사실을 확인시키는 데 충분한 시간이 거의 다 지나가고 있다. 십 년이든 몇 년이든 고립을 자처한 사람은 귀찮아서 자처한 줄도 모르고 지내다가 끝내는 고립된다. 지금의 내가 꼭 그렇다는 생각을 아니 먹으려 해도 자꾸 먹는다. 고립을 먹는다. 충분히 먹었는데도 아직 모자란 고립이 어딘가에 있다. 대부분 내 근처에서 발견된다.

집이 그토록 원했던 것

집이 그토록 원했던 것이 무엇일까? 써놓고 보니 실패한 시가 되고 말았는데, 실패했으니 실패한 만큼 다시 생각해봐야 하는 것. 집이 그토록 원했던 것. 사람이 없는 것? 그래서 조용한 것? 아무 소리도 아무 움직임도 없는 정적만이 감도는 것? 글쎄다. 장소는 생각하지 않는다. 공간도 생각하지 않는다. 오로지 인간만이 생각한다고 한 인간이 생각한다. 오로지 인간만이 시끄럽다고 한 인간이 더 생각한다. 오로지 인간만이 소음과 쓰레기와 온갖 불행을 만들어낸다고 생각한다. 누가? 공간도 아니고 장소도 아니고 오로지 인간만이 생각한다. 그래서 불행한 집. 그래서 시끄러운 집. 그래서 온갖 불화와 저주와 원망으로 가득 찬 집. 그 집을 떠나고 싶어도 떠날 수 없는 사람은 그래도 행복하다. 정작 떠나지 못하는 것은 집이니까. 완전히 허물어져서야 떠날 수 있는 집. 칠 층 높이의 허공에서 완전히 사라지고 나서야 집을 벗어날 수 있는 집. 두 번 다시 집으로 태어나지 말기를. 집의 윤회를 벗어나기를 기도하고 또 기도하는 이곳도 누군가의 집이라는 사실이 애처롭다. 집은 가만히 지켜본다. 누가 들어와서 또 불행하게 살다 가는지. 행복하다고 착각하고 가는지. 제발 행복이기

를 바라고 가는지. 빠이빠이. 가고 나면 집이 남는다. 가만히 집이 아
닌 것을 보고 있다.

우리 집의 기억, 2011

잠잘 곳은 있다. 방문할 데도 있고 잠시 머물 만한 곳도 있다. 밥을 먹을 데도 있고 커피 한 잔을 마시며 담배 한 대를 태울 만한 공간도 찾아보면 분명 있다. 그러나 집이 없다. 나의 집이 없다. 무엇보다 우리 집이 없다.

우리 집이 사라지고 없는 곳에서 밥 먹고 커피 마시고 담배 태우고 맥주잔도 기울이면서 몸도 마음도 나눌 만한 사람이 생겼는데도, 집이 없다. 나의 집이 없다. 너의 집은 있는가?

글쎄다. 우리 집이 증발하고 없는 곳에서 가끔 우리 집을 못 찾는 사람들을 본다. 그런 사람들의 얘기를 듣는다. 너의 집도 나의 집도 그 누군가의 집도 모두 엇비슷한 대문을 가진 아파트 단지에서 어느 대문을 열고 들어가야 우리 집이 되는지 난감해하는 희귀한 종족의 얘기를 들을 때도 있다.

나는 어느 대문을 열고 들어가야 우리 집이 되는지를 고민할 필요가 없다. 어느 순간부터 그런 희귀한 걱정을 할 필요도 없는 존재가 되었다. 이 년 전 그리고 일 년 전, 두 곳에서 집이 사라졌다. 부산의 집과 서울의 집. 둘 다 우리 집이라 불리던 곳이 증발해버렸다.

덕분에 이사를 자주 하고 있다. 자주 짐을 꾸렸다가 풀고 있다. 그곳이 어디든 나는 내 발밑에서 우리 집의 흔적을 찾지 않는다. 그것은 공중으로 증발해버렸다. 어느 순간 나는 잠잘 곳만 찾고 몸과 마음을 잠시 의탁할 곳만 찾는다. 가족이 아니어도 상관없고 가족이 아니어서 홀가분한 상황을 겨우 즐기고 있다.

덕분에 생소한 대문과 방문을 자주 열고 닫는다. 매번 저 문을 열면 다른 사람이 튀어나올 것 같다. 다른 얼굴이 다른 표정을 지으며 '누구세요' 하고 물을 것 같다. 아니면 영영 문을 열어주지 않는 어떤 문 앞에서 쫓겨난 표정으로 억울한 사람의 뒷모습을 하고 서 있다.

도무지 발길이 떨어지지 않는다. 어떻게 저 문을 두고 갈 수 있을까? 열리지 않는 저 대문을 저 방문을. 열리지 않는 문 앞에서 창문이라도 뛰어넘고 싶은 심정으로 무언가를 찾는다. 애타게 갈구한다. 바로 저곳이 우리 집이 되기를 얼마나 갈망하는가에 따라 우리 집의 위치는 조금씩 움직이고 또 달아난다. 대체로 멀거나 아예 안 보이는 곳에서 겨우 빛나는 집. 사실상 빛이 새어 나오지 않는 집. 누가 들어가 살더라도 불빛 한 점 켜지지 않는 곳이 우리 집이다.

우리 집은 생소하다. 나의 집은 희박하다. 집의 개념은 처음부터 없었던 것처럼 이상한 대문을 달고 나타난다. 이상한 방문을 전시하고 사라진다. 집 자체가 증발해버린 것이다. 어느 집이든 문만 남겨두고 사라진 것 같다. 문밖에서도 문 안에서도 집의 흔적은 없다. 우리 집은 이미 사라진 단어다. 아니면 사치에 가까운 단어.

안과 밖이 따로 없는 공간에서 나는 쓴다. 우리 집의 기억을. 지금은 증발하고 없는 어떤 대문들의 기억을. 어떤 방문들의 과거를 모조리 지워가며 다시 쓴다. 거기 어딘가 집이 있었다. 우리 집이 있었다. 나는 다시 문 앞에 서 있다. 쳐다볼수록 생소한 문 앞에서 초인종을 누른다. 아니면 노크라도. 안에서 누가 문을 열어줄 것인가?

나는 기다리고 있다. 문이 열리기를. 문이 열리는 순간 다시 맞이하는 허허벌판의 광경을. 안쪽에서 맞이하는 바깥의 허한 풍경을. 우리 집은 아마도 거기 있지 않을까. 당분간. 어쩌면 너무도 오래.

고향은 멀다

몇 년 사이에 「고향」이라는 동명의 시를 꽤 많이 발표했다. 미발표작까지 고려하면 '고향'을 제목으로 삼은 시편들이 족히 열 편은 될 것 같다. 왜 이렇게 많은 고향 시를 쓴 것일까? 딱히 고향이 그리워서는 아닐 것이다. 고향은 그립기만 한 곳이 아니다. 그립다는 말로는 다 할 수 없는 무언가가 고향에는 있다. 고향에 대한 생각이나 감정도 그래서 단순할 수가 없다. 하나의 생각이나 감정으로 가득 찰 수가 없는 곳이 내게는 고향이다. 고향은 하나이겠으나 고향에 대한 생각은 하나가 될 수 없는 곳에서 다시 고향을 생각하다 보면 또 이상하게 한 가지 생각에 붙들린다. 고향은 돌아갈 수 없는 곳이라는 생각. 지금도 멀쩡하게 남아 있고 멀쩡하게 사람들이 오가고 있고 심지어 예전의 모습도 적잖게 남은 곳이 나의 고향인데, 고향은 돌아갈 수 없는 곳이다. 고향은 돌이킬 수도 없는 곳이다. 그때의 그 장소가 그대로 남아 있어도 시간까지 되돌려서 갈 수 없는 곳이 고향이기 때문이다.

고향은 한 시절을 지나는 순간부터 돌이킬 수 없는 곳이 되고 만다. 추억의 장소가 되는 순간부터 추억으로만 소환되는 곳이 고향이라는 말도 되겠다. 다시 돌아가더라도 추억만 남은 장소가 고향이라는 걸 인식하면서부터 나는 너는 우리는 모두 실향민이 되고 만다. 멀쩡하게 고향이 살아 있어도, 돌아가고 싶을 때 돌아갈 수 있는 환경에 놓여 있어도, 돌이킬 수 없는 시간을 껴안는 순간부터 실향민의 고향이 되고 만다. 누구에게나 있는 것이 고향이지만, 누구에게도 허락하지 않는 그때 그 시절의 고향은 그래서 멀다. 대책 없이 멀고 멀어질수록 희미해지는 곳에서 손짓하는 모습만 보이는 사람. 그 사람이 고향이다.

 그 고향이 알 수 없는 사람처럼 내게 다가오는 것 같다가 또 멀어진다. 내가 거기서 한 시절을 보냈다는 사실조차 어색하게 만드는 곳. 그곳이 고향이다.

 각자의 고향이 있어 각자의 고향으로 돌아가는 사람도 그래서 언제나 먼 길을 가는 사람처럼 보인다. 도무지 끝을 모르겠는 여정을 떠나는 사람처럼도 보인다. 각자의 고향으로 영원히 돌아가는 중에 끝날지도 모르는 여정이 내 앞에도 있고 당신 앞에도 있을 것이다. 행여나 뒤로 돌아서 간다 한들 그 여정에 끝이 없을까? 가물가물하다 못해 사라진 것과 진배없는 고향이, 시간을 거스르듯이 온 길을 되밟아 간다 한들 종착지로서 남아 있을 수 있을까? 고향은 어디로 발길을 옮기더라도 먼 곳에 있다. 결코 도착할 수 없는 곳에 있다.

 그래서 더 고향을 말하는지도 모르겠다. 그래서 더 그리운 곳인 양 떠오르는지도 모르겠다. 고향은 막다른 골목이다. 어떻게 가더라도 가로막힌 골목처럼 되돌아 나오게 하는 곳의 너머에 고향이 있는지도 모르겠다. 너머는 볼 수 없다. 갈 수도 없다. 불러낼 수도 없다. 다만 근처를 맴도는 발걸음만이 돌아서서 다른 골목을 헤매는지도 모르겠다. 지금도 족히 다섯 시간은 걸리는 고향 가는 버스에 올라서도 고향에 가까워진다는 생각 없이 실려 가다가 시간이 다 되어서 내리는 곳에 나의 고향이었던 곳이 있다. 지금도 나의 고향이랄 수 있는 곳이 있다. 앞으로도 나의 고향이 분명할 터인데, 어찌해도 붙잡을 수 없는 곳에 나의 고향이 눈앞에 있고 눈 뒤에도 있고 모든 곳에 있는 것처럼 환영을 불러일으킨다. 저기가 나의 고향인가? 아니면 여기가 나의 고향인가? 그도 아니면 도대체 어디가 고향이라는 건지, 고향을 말할수록 고향은 멀어진다. 손에 잡히지 않는다. 다만 말해지고 있을 뿐이다.

아버지와 세발자전거

아버지는 모두 달아나는 사람이다. 아버지를 향해서.
나 또한 달아나는 사람이다. 아버지를 피해서.

아버지를 얘기하자면 모래바람을 먼저 떠올린다. 내가 다섯 살인가 여섯 살 때 살던 동네 이름은 사상砂上이었다. 모래 위에 세워진 마을 혹은 동네. 한창 개발 바람이 불던 그 동네는 한낮에도 희뿌연 모래바람이 불던 허허벌판이 조금씩 건물과 공장과 아파트로 메워지던 곳이었다.

모래바람이 기세를 부리던 그곳에서 아버지와 어머니는 어떤 일을 하며 생계를 꾸려갔었는지 기억이 흐릿하다. 다만 시멘트블록으로 쌓아 올린 허름한 집이 떠오르고 집이었는지 식당이었는지 모를 그곳에는 벽을 따라 나란히 선 장독들이 있었고 한 번씩 장독을 치우면 갓 깨어난 새끼 쥐들이 몇 마리씩 엉켜서 나오곤 했다. 그래, 아버지는 어머니와 둘이서 아파트 건설 현장을 끼고서 식당을 했을 것이다. 그리고 보니 흙먼지에 묻혀서 밥 먹으러 오던 인부들의 모습도 드물게 생각이 난다.

모래와 먼지로 세운 그 땅에서 내가 기억하는 아버지의 모습은 꽤나 무서웠던 것 같다. 험한 공사판 사람들을 상대하다 보니 성격은 자연히 강퍅한 쪽으로 흘렀을 것이다. 어쩌면 천성적으로 까다롭고 힘든 분이셨는지도 모른다. 당시의 내가 판단할 수 있는 문제가 아니므로 시간은 잠시 그곳을 머물다 한 가지 사건만을 분명하게 남겨놓고 달아나 버린다.

그날은 무언가 내가 잘못한 일이 있었을 게다. 어쩌면 아무 잘못도 없었는지 모른다. 아무튼 나는 세발자전거의 페달을 힘껏 밟기 시작했다. 아마도 아버지가 사주셨을 그 세발자전거를 타고 서서히 속도를 붙여 나갔다. 앞으로 앞으로만 내달렸다. 눈앞으로 안개 같은 모래바람이 펼쳐지고 또 흩어졌다. 뒤에서는 아버지의 목소리가 따라붙었다. 멈추라는 소리였다. 거기 서라는 목소리였다. 처음에는 작은 소리로, 나중에는 점점 더 큰 목소리로, 달아나는 내 자전거의 바퀴를 조여왔다. 마치 태엽 감긴 장난감처럼 페달을 밟는 내 발은 점점 뻑뻑해져 갔다.

나는 문득 활주로를 떠올렸을 것이다. 이대로 날아오를 수만 있다면, 끝도 없이 펼쳐진 이 모랫길에서 끝도 없이 솟아오를 수만 있다면……. 활주로는 한없이 늘어나는 고무줄처럼 팽팽해지고 있었다. 딱, 하는 소리와 함께 세발자전거는 질주를 멈추었다. 대낮의 탈주범은 힘없이 내렸다. 아버지의 손바닥이 후리고 간 뒤통수를 어루만지며 얼마간 울먹거렸을지도 모른다. 그리고 어디론가 끌려갔을 것이다. 아마도 집이라고 부르는 곳으로.

그날 이후 아버지는 십수 년을 더 살다 가셨다. 내 손을 끌고 돌아가던 그 길에서 아버지는 어느 날 문득 암으로, 세상을 뜨셨다. 정말로 활주해버린 것이다. 한번 뜨면 영영 돌아오지 못할 그 길에서 아버지는 끝까지 아버지답고자 했던 것 같다. 아픈 몸을 이끌고 자신의 묏자리까지 다 봐놓고 가셨으니. 자식을 가지지 못했으니 아버지가 아닌 내 목소리는 여전히 세발자전거처럼 달아나고만 있다. 아버지는 아버지를 향해서, 나는 아버지가 아닌 또 어딘가를 향해서.

장래 희망

장래 희망이란 게 있다. 고등학교 1학년 때 내 장래 희망은 작가였다. 무슨 대단한 각오나 사명감이 있어서 작가가 되고 싶은 것은 아니었다. 그냥 어릴 때부터 책 읽고 글 쓰는 것을 좋아했던 기억이 남아서 작가라는 장래 희망이 떠올랐을 것이다. 어느 날 조례 시간에 장래 희망 설문조사를 하는 담임선생님이 '작가'라는 항목을 불렀을 때 나도 모르게 손이 올라간 것도 아마 그 때문일 것이다. 막연히 작가가 되고 싶다는 희망. 혹은 열망.

어찌 보면 별생각 없이 들었다고 할 수 있는 그 손의 기개는 얼마 지나지 않아서 저절로 꺾였다. 2학년으로 진학하면서 문과반과 이과반 둘 중 하나를 택해야 하는 기로에서 내가 선택한 것은 이과였다. 대학을 진학하면서 선택한 전공은 산업공학이고 그래서 나는 어느 순간 공대생이 되어 있었다. 고등학교 1학년 때는 분명 장래 희망을 작가라고 해놓고선 이과반으로 진학하여 공대생이 된 연유는 언뜻 납득이 안 가지만 이해 못 할 일은 아니다. 별생각 없는 사람의 별생각 없는 선택이었으니까. 별생각 없이 작가라고 장래 희망을 밝힌 그 어린 친구는, 남자라면 마땅히 이과를 가야 하고 이과를 가서는 성적에 맞춰 공대에 가는 게 좋다는 모친의 권유를 별생각 없이 받아들이고 따랐던 것이다.

별생각 없이 진로를 정한 대가는 생각보다 후유증이 컸다. 공대에 들어가고 반년도 지나지 않아 이곳은 내가 있을 곳이 아니라는 사실을 절감한 그 친구는 한편으로 시간이 자유로울 때 저절로 손이 가는 것이 책이고 펜이라는 사실을 알게 된다. 그리고 앞으로도 읽고 쓰기를 계속하고 싶다는 바람을 가지게 된다. 고등학교 1학년 이후로 잊어버렸던 장래 희망이란 걸 다시 떠올리게 된 것이다.

전공과는 무관한 그 바람과 생각이 깊어지면서 자연히 고민도 번민도 함께 깊어졌다. 이대로 자퇴하고 대학을 다시 들어가야 하나. 아니면 어떻게든 공대에 적성을 맞추는 쪽으로 타협해야 하나. 그도 아니면 적당한 때 더 적당한 학과로, 가령 국문학과 같은 데로 전과를 해야 하나. 셋 다 여의치도 않고 마땅치도 않았다. 집안 형편상 대학에 다시 들어갈 처지는 못 되고, 그렇다고 이미 흥미를 잃어버린 공대에 새삼 적성을 맞출 수 있는 것도 아니었다. 마지막으로 전과는, 전과가 가능한 학점이 모자라서 포기할 수밖에 없었다.

별다른 대안도 없이 꾸역꾸역 버티다 보니 어느덧 졸업이었다. 어느 지면에선가 공대 오 년(휴학 기간까지 포함하여), 군대 이 년을 묶어서 '감옥 칠 년'이라고 고백한 적이 있는데, 사실이 그랬다. 답답하고 막막한 심경을 감옥 말고는 달리 표현할 길이 없는 그 시절을 빠져나오면서 뼈저리게 깨달은 것도 딱 한 가지였다. 사람은 무엇보다 자기가 있어야 할 곳에 있어야 한다는 사실. 자기가 있어야 할 곳에 있지 않으면 자신에게도 주변 사람들에게도 그 자체로 커다란 불행이라는 사실. 덕분에 졸업 이후의 내 삶은 내가 있어야 할 곳에 어떻게든 내가 있기 위해서 애를 쓰는 시간이어야 했다. 멀리 둘러 가더라도 결국엔 문학을 할 수 있는 자리, 글을 쓸 수 있는 환경, 이왕이면 더 좋은 작가나 시인이 되는 길로 접어들기 위해 몸부림치는 시간이었다.

다행히도 운이 닿아 부산의 한 문예지를 통해서 시인으로 데뷔를 하고, 나중에는 같은 학교에 국문학과로 학사 편입을 해서 꿈에도 그리던 문학 수업까지 받았지만, 그렇다고 이십 대 전반을 막막하게 채웠던 공대 시절의 시간이 말끔하게 보상되는 것은 아니었다. 그 시절의 여파는 이십 년 가까운 시간이 지난 지금까지도 유령처럼 남아서 내 주변을 맴돌고 있으니까.

과거의 시간은 어떤 식으로든 남아서 미래에 흔적을 남긴다. 그런 점에서 완벽하게 지워지는 과거란 없는 법이다. 과거 위에 끊임없이 미래가 쌓이고 덮일 뿐 과거는 결코 사라지지도 삭제되지도 않는다. 미래가 과거를 누르려 하면 할수록 과거는 미래를 더 세차게 밀어 올린다. 밀어 올리면서 여전히 건재한 자기 존재를 과시한다. 때로는 땅이 갈라지더라도 끝내는 밀어 올리면서 비집고 나오는 것. 그것이 과거다.

그렇다고 새삼 과거에 발목 잡힌 삶을 강조하려고 이런 얘기를 하고 싶지는 않다. 오히려 반대다. 과거는 사라지지도 삭제되지도 않는 것이지만, 심지어 바뀌지도 않는 엄연한 사실이지만, 사실이므로 오히려 더 인정해야 한다는 것. 긍정까지는 아니더라도 그 자체로 과거를 인정해야 한다는 것. 인정하지 않고는 달리 방도가 없는 곳에서 현재와 미래의 길을 찾아야 한다는 것. 그 얘기를 하고 싶다.

크고 작은 결정을 포함하여 매 순간의 선택은 신중해야 하지만,

신중하게 결정한다고 해서 반드시 좋은 결과를 보장하지 못하는 것이 또 삶인 것 같다. 중요한 것은 이후에 비롯되는 결과를 엄연한 사실로 받아들이고 인정하고 거기서 다시 길을 찾아야 하는 것. 그 또한 삶일 것이다.

그래서일까. 어찌 보면 첫 단추를 잘못 끼었다고 할 수 있는 내 삶에 대해서 그리고 내 문학에 대해서 누군가는 이렇게 반문하기도 한다. 당신 시에 알게 모르게 스며들어 있는 과학적인 감수성이나 상상력이 과연 어디서 나왔겠느냐고. 고통스러운 시간이었더라도 공대를 다니면서 체득한 것이 아니겠느냐고. 특히나 문학 쪽에서는 흔치 않은 감수성과 상상력이니 잘못된 학과 선택이 결과적으로 개성적인 시를 쓰는 데 일조한 것이 아니겠느냐고. 물론 맞는 말이다. 그렇다고 전적으로 고개를 끄덕일 말도 아니다. 꼭 공대에 가지 않더라도 과학적 감수성이나 상상력은 얼마든지 기를 수 있으며, 그런 피를 가진 사람이라면 전공과 상관없이 문학책과 더불어 반드시 과학책도 펼쳐 들 것이므로. 굳이 감옥 같은 칠 년을 허비하지 않고서도 말이다.

그래서 이런 가정을 해본다. 내가 만약 처음부터 국문학과나 문예창작과처럼 글쓰기에 적합한 학과로 진학했다면 어땠을까 하는 가정 말이다. 글쎄다. 다니고 있는 대학원을 벌써 마치고도 남았을 나이에 어디 대학교수라도 되어서 문학을 하고 있을까. 그래서 지금보다 훨씬 안정된 삶을 살고 있을까. 아니면 너무 이른 나이에 문학에 시달리고 찌들어버린 나머지 일찌감치 문학을 포기한 삶이 되었을까. 가정은 가정일 뿐 무엇도 보장해주지 않는다. 확인해주지도 않는다. 사실이 아니기 때문이다. 사실이 되는 것은 과거다. 남는 것도 과거다. 인정해야 하는 것도 과거며, 거기서부터 나의 삶은 다시 시작한다. 아무런 가정도 없이, 그리고 확신도 없이, 다만 변치 않는 과거 위에 어떻게 발을 딛고 올라설지 그걸 고민하면서 하루가 간다. 하루가 또 오고 있다. 있을 곳에 있기 위해 무진 애를 썼던 나의 장래 희망은 아직도 진행 중이다.

내 내장이 원하는 것

내 내장이 원하는 것이 무얼까, 생각한다. 내 내장은 한둘이 아닌데, 위장이든 소장이든 대장이든 간이든 무엇이든 그것들이 원하는 것이 무얼까, 생각한다. 생각해봐야 나의 내장들은 침묵하고 있는데, 배에 바짝 귀를 갖다 대어야 하수관이 내는 소리 비슷한 소리라도 들을 텐데, 내 귀가 내 배에 닿을 수는 없는 일. 일급의 요가 선생도 성공하지 못할 자세가 되어야 가능한 일. 나의 내장은 아직까지 별일이 없다. 없는 것 같다. 그러니 내 배에 내 귀를 대고 듣고 싶은 충동도 아직까지는 없다. 조용히 내 내장이 원하는 바를 생각하면서 시간을 보내고 있다. 오후의 어느 시간이 지나고 있다. 시계를 보니 3시 5분. 날짜를 떠올리니 2월의 마지막 날이다. 내일부터는 3월이고, 봄이다. 봄인가? 아직은 쌀쌀한 날씨. 차가운 날씨. 걸어 다니기 적당치 않은 날씨가 아직은 남아 있다. 아직은 남아 있으니 조금씩 없어질 테고 곧 봄이겠지. 겨울 지나고 봄. 이 말이 문득 생각나는데, 이 말은 동료 시인이 새 시집을 내면서 서명과 함께 적어준 말. 그 시집은 그런데 여름에 나왔다. 여름에 나왔으면 저런 말이 어울리지 않을 텐데, 그때 나의 처지가 겨울처럼 보였나. 겨울과 다름없이 추

웠나. 춥고 힘들었나. 아니면 내가 동료 시인이 낸 책을 착각하고 있는 것인지도 모른다. 여름에 낸 시집이 아니라 정말로 겨울 지날 무렵에 혹은 어서 겨울이 지나가기를 바라는 시절에 낸 책에 썼던 문구인지도 모른다. 확실한 것은 그 문구를 그 동료 시인이 써서 줬다는 사실. 사실이니까 사실이어야 하는데, 이 또한 내가 얼마나 확신할 수 있을까. 확신하더라도 얼마나 사실일 수 있을까. 모를 일이다. 다만 지금은 동네 작은 카페에서 한 번씩 들리는 까마귀 소리를 들으면서 이 얘기를 하고 있다는 사실. 서너 좌석 옆자리에는 초등학교인지 중학교인지 고등학교인지 모를 학교 선생님이 아까부터 계속 통화하고 있다는 사실. 통화 내용으로 짐작건대 그가 선생님이라는 사실만 확인되는 대화가 계속 오고 가고 있는데, 더 자세히는 듣고 싶지도 않고 들리지도 않는데, 창밖으로 차가 끊임없이 지나가고 있다. 택시도 지나가고 자가용도 지나가고 유모차도 지나가고 유모차에 몰티즈 한 마리를 태운 채 여자 한 명이 지나가고 중년의 남자도 지나가고 오토바이도 지나가고 장애인용 콜택시도 지나가고 자전거도 지나가고 잠시 아무도 아무것도 지나지 않는 것 같다가 소형 트럭 한 대가 와서 멈춰 섰다. 시동을 끄고 누가 내릴까? 시동을 끄지 않고 잠시 서 있다가 간다. 장바구니용 캐리어 한 대를 끌고 할머니 한 분이 지나간다. 힘겹게 끌고 간다. 장바구니에는 대파 한 단이 담겨 있고, 끄트머리가 삐죽 올라와 있다. 급히 시계를 본다. 아니다. 버릇처럼 시계를 본다. 휴대폰의 시계. 스마트폰의 시계. 3시하고도 22분을 지나고 있다. 대략 20분 가까이 무언가를 끄적인 셈이다. 별 것도 아닌 글. 색다른 글도 아닌 글. 조금 있으면 집에 가야 한다. 집에 가서 해야 할 일이 있다. 그게 무얼까? 얼른 생각이 안 나는데, 생각이 나면 집에 가고 생각이 안 나면 집에 안 가고 그러지는 않을 것 같다. 일단은 가겠지. 가다 보면 생각나겠지. 할 일이 생각나고 생각나면 하겠지. 내장 얘기를 꺼냈다가 여기까지 왔다. 해야 할 일이 한둘이 아니다. 조용히 자기 할 일을 하고 있다. 내가 아니면 누구라도.

가위가 눈에 들어온다

가위가 눈에 들어온다. 종이나 테이프를 자를 때 쓰는 가위가 필기구가 모여 있는 통에 함께 들어가 박혀 있다. 손잡이 부분만 보인다. 저 손잡이의 구멍 난 곳에 손가락을 끼우고 위쪽 구멍에는 엄지를 아래쪽 구멍에는 중지부터 약지까지 세 손가락을 끼우고 검지만 끼우지 않은 채로 가위를 잡고서 종이를 자르고 테이프를 자르고 다른 무엇도 자른다. 가위는 지금 쉬고 있다. 필기구 통에 날카로운 날 부분을 처박고 손잡이만 빼꼼히 내민 채로 쉬고 있다. 일을 하지 않으면 쉬는 거다. 가위로서의 일을 하지 않으면 가위로서 쉬고 있는 거다. 자르지 않으면 자르지 않고 쉬는 일. 자르지 않고서도 가위가 하는 일이란 것이 있을까? 가령 날카로운 날의 끝으로 무언가를 찌르는 일? 상상하기 싫지만 불가능한 일은 아니다. 다행히 대부분의 가위 끝은 뭉툭하게 처리되어 무언가를 찔러도 흉기가 되기 힘들게 되어 있다. 좀체 흉기가 되기 힘든 가위의 날은 그럼에도 종이를 자를 정도의 날카로움을 지니고 있다. 그러니 인간의 살이나 동물의 가죽을 베는 정도의 기능은 충분히 할 수 있다. 흉기 쪽에 생각이 꽂히니 멀쩡한 가위를 자꾸 흉기 쪽으로 몰아서 상상을 하고 가정을 하고 이야기를 한다. 중단하자. 가위는 가위다. 종이든 천이든 무언가를 자르라고 있는 물건이다. 유용하게 자르라고 있는 물건이니 유용하게 자르는 쪽으로 생각을 기울이자. 자르기 힘든 것을 자르려고 할 때 돕는 물건쯤으로 여기고 다시 가위를 본다. 눈앞에서 필기구 통에 콕 박혀서 쉬고 있는 가위를 본다. 가위가 쉬고 있다. 가위가 놀고 있다. 가위에 대한 추억이 이다지도 없을까? 가위에 대한 애틋한 감정이 이다지도 없었던 것일까? 할 수 없다. 감정이 없고 감정이 서릴 만큼 추억도 없다면 이렇게라도 하자. 가위를 처음 보는 것처럼 보든지, 마지막으로 보는 것처럼 보자. 처음 보는 것처럼 본다면 당연시해 오던, 당연시하면서 있는지 없는지도 모르게 취급해 오던 가위가 다시 보일 것이다. 새롭게 보일 것이다. 반대로 가위를 마지막으로 보는 것처럼 본다면, 없던 감정도 생기지 않을까. 너를 마지막으로 본다는 감정. 너를 언제 다시 볼지 기약할 수 없는 상태로 보고 있다는 마음. 감정. 정서. 이런 것들을 모아서 애틋함이라고 할 때, 애틋함이 사물을 다시 보게 만들고 달리 보게 만든다. 애틋함이 저 사물을 조금이라도 더 오래 붙들고 보게 만든다. 조금이라도 더 마음을 써서 들여다보게 만든다. 생각하게 만드는 것이다. 가위를 생각한다. 마지막으로 보듯이 보면서 생각한다. 가위를 볼 시간이 얼마 남아 있지 않다. 길어야 몇 분. 몇 분이 지나면 이런 생각 따위 잊고, 일부러 마지막인 것처럼 마음을 졸이는 일도 잊고서 나가야 한다. 외출하러 나가야 한다. 약속이 있어서 나간다. 가위는 여전히 있다. 여전히 쉬면서 필기구 통에 꽂혀 있다. 저걸 꺼내서 마지막으로 쥐어본다. 가윗날에 음각으로 'PEACE'라는 글자가 찍혀 있다. 아마도 상표이겠지만 하필이면 PEACE라니. 엉뚱하게도 어울린다는 생각을 끝으로 글을 접는다. 여기서 자른다.

지붕 단상

지붕 위에서 열차가 지나가는 소리가 시끄럽다. 지붕 위에서 구름이 지나가는 소리도 시끄럽다. 지붕 위에서 새가 날아다니는 소리도 몹시 시끄럽다. 그러니 한 층을 더 내려가자. 한 층을 더 내려가면 지붕은 그만큼 더 높아지고 지붕 위에서 열차가 지나가는 소리도 더 멀어지고 당연히 새가 날아다니는 소리도 멀어질 테지만 한 층만 더 내려가자. 한 층만 더 내려가면 구름 따위는 안중에도 없는 소리가 들릴 것이다. 열차가 내는 소리는 먼 시베리아를 건너가는 소리쯤 될 것이다. 새는 이미 늙어서 날아다니지도 않는다. 너무 늙어서 다른 새가 날아다니는 소리도 들리지 않는다. 그것은 만족할 만한 소리가 아니다. 내가 들어야 하는 소리는 아무 소리도 들리지 않는 가운데 들리는 소리. 그러니 한 층만 더 내려가자. 한 층만 더 내려가면 생략 가능한 모든 소리를 동원하여 떨어지는 소리가 있을지도 모른다. 떨어지다가 튕겨 오르는 소리가 있을지도 모른다. 그 소리가 궁금해서 내려가는 소리가 있다. 지하에서 지하로 내려가는 소리. 지붕에서 지붕을 타고 내려오는 소리와 얼마나 비슷할까? 얼마나 다를까?

*

나는 모자를 쓰는 것을 좋아하지 않는다. 머리 위에 지붕을 얹는 것을 좋아하지 않는다. 머리가 지붕인데 지붕 위에 또 지붕을 얹은 형상으로 누군가를 만나면 누구를 만나도 편하지가 않다. 누구 잘못이 아니라 지붕 잘못이다. 지붕을 얹은 나의 머리가 잘못이고 머리를 떠받치고 있는 나의 몸이 잘못이고 손과 발이 잘못이고 잘못은 그렇게 타고 내려가서 내가 딛고 서 있는 맨바닥까지 다 잘못인 것처럼 느껴진다. 그러니 모자를 벗자. 지붕을 벗고 뻥 뚫린 머리로 사람을 만나자. 그런데 누구를 만나야 할까?

*

누구를 만나서든 어느 지붕 아래 사는지 물어보는 습관. 나한테는 없다. 없는데도 자꾸 묻게 된다. 물어볼 것이 없어서 묻게 된다. 할 말이 떨어져서도 묻게 된다. 실례지만 어디 사시는지요?
집마다 지붕이 다르니 지붕의 모양새도 지붕의 색깔도 지붕의 화려함과 누추함도 저마다 다르니 어디 사느냐고 묻는 것 자체가 실례일 수 있다. 동네를 묻는 것도 마찬가지다. 옥상까지 포함하여 지붕의 처지는 동네마다 다르다. 옥상까지 포함하여 지붕의 부유함과 가난함도 다 다르다. 그러니 묻지 말자고 생각하면서 한 번씩 물어볼 때가 있다. 무얼 물어야 할지 몰라서. 얘기할 것이 바닥이 나서. 아예 사람을 만나지 않는다면 불필요한 질문도 없어지겠지. 어리석은 생각인 것 안다. 아니까 대화의 기술을 늘리기 위해서도 사람을 만나야 한다. 사람을 만나러 간다.

    오늘은 다른 것을 물어볼 것이다. 다른 것을 물어보고 싶다. 혹시 어떤 지붕을 좋아하는지 물어봐도 될까요? 역시 실례겠지?

*

    나는 지금 지붕roof 아래에 있다. 그러니까 집 안에 있고 방room 안에 있고 이 방의 뿌리root는 나의 뿌리와 무관하지만 있다. 뿌리가 있다. 줄기가 있고 가지가 있고 이파리가 있듯이 이 방이 있는 것. 이 방에 있는 것. 그것이 나라고 생각하는가?
    어떤 물체가 방 안에 있다. 어떤 물체든 방 안에 있다. 방 밖에 있으면 집 밖에 있을 수 있고 집 밖에 있는 것은 지붕과 무관하지만 충분히 있다. 있다는 사실이 무겁게도 있다. 가볍게도 있으려면 있을 것이다. 깃털이든 연기든 먼지든 혹은 집채만 한 바위든 가볍기만 하다면 있어도 좋다. 얼마든지 있어라.
    그렇게 말하고 있었다. 지붕을 생각하려니 다시 나가야 한다. 산책하러 나가서 다시 올려다본 지붕. 집 밖의 지붕. 집 밖에서 본 지붕. 집 밖에서 본 다른 집의 지붕들.
    여기까지는 모두 한적한 시골 같은 곳에서 살 때나 가능한 이야기다. 조금만 큰 도시로 나가도 지붕 대신 옥상이 점령한 채 집을 이루고 건물을 이루고 동네를 이룬다. 한적한 시골 마을에서는 그래도 옥상 대신 지붕이 어울린다. 지붕이 더 많다.

*

아주 어렸을 때 천막을 지붕으로 얹은 집에 산 적이 있다. 시멘트 블록으로 벽을 쌓고 그 위에 철봉으로 골조를 짜고 천막을 덮어서 타이어 같은 것으로 적당히 눌러놓은 집. 그 집이 나의 아주 어릴 적 집이었다는 사실을 부끄럽지 않게 얘기한다. 너무 오래전이라 정확한 사실이 아닐지도 모를 기억. 대여섯 살 때의 기억.

그 무렵 살았던 동네 이름에는 모래 사(砂)자가 들어가 있다. 모래 위에 지어진 마을. 한자로 된 동네 이름을 풀면 대략 이런 뜻이었는데, 이름답게 모래도 많고 먼지도 많았던 동네. 공장도 많고 공사장도 많았던 동네. 올려다보면 날씨와 상관없이 희뿌연 하늘이 동네를 덮고 있었다. 공사장에서 하루하루 층을 올리는 건물들 말고는 그럴듯한 집이나 지붕도 없었던 그 동네에서 가장 친숙했던 것 역시 먼지와 모래였다. 땅바닥에 먼지가 쌓이듯 지붕에도 먼지가 쌓이고 모래가 서걱서걱 쌓였을 텐데, 이상하게 지붕에 대한 기억이 없다. 다만 비가 오면 빗물이 자주 새던 기억. 빗물은 지붕이랍시고 덮어놓은 천막의 빈틈을 집요하게 찾아냈다. 양동이나 커다란 물그릇이 수시로 필요했던 시절. 지붕 같은 지붕도 천장 같은 천장도 모두 남의 일처럼 멀어 보이던 시절.

*

이후로도 지붕에 대한 추억이 별로 없다. 기억이 별로 없다. 체험이 없으니 당연한 일. 지붕은 올라가본 적도 올려다본 적도 거의 없는 것 같다. 올려다봐야 지붕의 아래쪽 일부만 본 것이 전부인 것 같다. 가령 기와지붕의 처마 같은 것. 지붕을 내려다본 기억은 제법 있는 것 같다. 처음 유럽 여행을 갔을 때 비행기에서 내려다보이던 빨간색의 지붕들. 참 예뻤던 기억. 지붕도 모아놓고 보면 저렇게 예쁠 수 있다는 걸 처음으로 실감했던 기억. 반면에 내가 이제껏 살아왔던 도시들의 고층에서 내려다본 지붕들은 하나같이 우중충한 빛깔이었다. 아니 하나로 묶을 수 없을 만큼 잡색으로 치장된 지붕과 옥상이 대부분이었다.

*

간만에 눈이 오면 이런 지붕들의 제멋대로인 인상도 평화롭게 섞인다. 사이좋게 덮인다. 내리는 눈이 많을수록 그래서 쌓이는 눈이 짙을수록 흰색이 주는 공평무사한 이미지는 옥상이든 지붕이든 가리지 않고 그것들의 천차만별을 사이좋게 덮는다. 누가 어떤 집에 살든 어떤 건물에 어떤 세를 주고 살든 눈은 내리고 쌓인다. 지붕에도 쌓이고 옥상에도 쌓이고 판자 위에도 쌓이고 천막 위에도 쌓이고 첨탑 위에도 쌓인다. 한 점이라도 쌓이라고 눈은 내린다. 두 점이라도 뭉치라고 눈은 쌓인다. 눈 위에 눈이 쌓이면서 이 도시의 지붕은 잠시 평안을 얻는다. 사방팔방으로 난 이 도시의 도로도 잠시 평안을 얻는다. 잠시 평화롭게 지나가는 시간을 못 참고 자동차 한 대가 눈길을 밟으며 지나간다. 타이어가 낸 길을 따라서 다른 자동차가 또 지나간다. 지붕 위의 눈은 아직 평화롭다.

*

평화롭게 지붕을 장식하는 것은 눈 말고도 더 있다. 더 있을 것이다. 가령 슬레이트 지붕 위에서 늘어지게 낮잠을 자는 고양이. 한 마리여도 좋고 두 마리여도 좋다. 몇 마리라도 상관없이 낮잠을 자는 고양이. 고양이는 고양이답게 늘어지게 잔다. 지붕이니까 가능한 일이겠지. 지붕이니까 아무 경계할 것도 없이 자는 거겠지. 그렇다면 지붕에 어울리는 또 다른 동물들, 가령 비둘기나 까치는 어디로 가서 자는 걸까? 어디에 가서야 늘어지게 잘 수 있는 걸까? 지붕은 아닐 것이다. 언제 고양이 같은 들짐승의 공격을 받을지 모르니. 새들은 어디서도 깊이 자는 법을 모를지도 모른다. 고양이를 더 좋아하는 내가 새의 입장에 자꾸 서게 되는 이유. 나도 깊은 잠을 못 잔다. 어쩌다 푹 자고 일어나면 고양이처럼 늘어지게 기지개를 켤지도 모른다.

*

사람은 제 있을 곳에 있어야 한다. 당연한 말 같지만 너무 당연해서 잘 지켜지지 않는 말. 사람이 제 있을 곳에 있어야 한다는 말. 제 있을 곳에 있지 못해서 불안해지고 불행해지는 감정을 물리기 위해서도 필요한 말. 사람은 제 있을 곳에 있어야 한다. 문제는 제 있을 곳이 어딘지를 아는 사람이 의외로 적다는 사실이다. 내가 있어야 할 곳을 찾아서 평생을 떠도는 사람이 얼마나 많은지는 알고 싶지 않다. 내가 그렇다는 사실만 적어두고서 창밖을 본다. 내가 살고 있는 동네의 집들과 건물과 지붕과 옥상이 보인다. 겨울의 한가운데로 접어들고 있는 날씨. 며칠째 흐리고 오후에는 비가 온다는 소식. 차라리 눈이라도 왔으면.

*

내가 일하는 곳은 삼 층 사무실이다. 삼 층 사무실에서 창밖을 보면 단층짜리 카페가 보이고 지붕이 보이는데, 처음 그 지붕을 보았을 때부터 지금까지 슬리퍼 한 짝이 지붕 위에 올라가 있는 것을 본다. 어쩌다가 올라간 것일까? 슬리퍼 한 짝은 거의 버려진 것처럼 지붕에 올라가서 지금까지 있다. 눈이 오면 눈이 오는 대로 비가 오면 비가 오는 대로 날이 맑으면 날이 맑은 대로 변함없이 지붕을 장식하고 있는 슬리퍼 한 짝. 누가 던져놓지 않았다면 올라갈 이유가 없는 슬리퍼 한 짝을 삼 층에서 창밖을 볼 때마다 본다. 슬리퍼 한 짝이 눈에 들어온다. 언제까지 저러고 있을까? 슬리퍼 한 짝은 제 있을 곳에 있지 않고 제 있을 곳이 어딘지도 모른 채 있고 다만 빛난다. 유독 빛난다. 검은색인데 검은색으로 빛난다. 감청색이라고 해도 다름없이 빛난다. 저걸 빛난다고 할 수 있을까? 눈에 뜨이니까 빛난다. 자꾸 보이니까 외면하지 못하는 저 슬리퍼를 치우고 싶어도 치울 수가 없는 곳에 내가 있고 슬리퍼가 있고 또 무엇이 있어서 나는 자꾸 창밖을 보는 것일까? 답답하게 창밖을 본다. 하늘을 올려다보다가 또 아래쪽을 본다. 슬리퍼가 그 자리에 있다. 지붕 위에 있다. 내가 일하는 곳은 삼 층 사무실이다. 한숨 한번 쉬고 자리로 돌아온다.

*

열차는 지붕을 가진다. 열차도 지붕을 가진다. 당연히 천장을 가지고 천장을 따라 복도가 나 있고 좌석이 늘어서 있고 차창이 따라붙고 있고 바깥으로 지나치는 바깥의 풍경을 지붕 위에서 체험하는 사람들이 하나도 아니고 둘도 아니고 개미 떼처럼 빼곡히 붙어서 열차의 지붕을 장식하는 풍경. 어느 티브이 프로그램에서 보았던 먼 나라의 열차 풍경. 열차는 천천히 간다. 다만 걷는 속도보다는 빠르게. 다만 뛰는 일보다는 덜 힘들게 매달리고 엎어져서 가는 사람들. 기록사진으로 남아 있는 한국전쟁 당시의 피난 열차도 지붕을 사람으로 가득 메우고서 떠났다. 남으로 가는 열차라고 적혀 있다. 북으로 가는 열차라고 달랐을까? 피난 열차는 급히 떠난다. 급히 사람을 싣고 떠난다. 어디에 어떻게 태우는가는 둘째 문제다. 지붕이 안 보일 때까지 사람이 올라타고 또 올라타는 가운데 열차는 떠난다. 급히 떠난다. 어디로, 어디로 가는 열차인지는 사진만 봐서는 모른다. 어느 쪽으로든 떠난다. 급히 떠나고 있다.

*

한밤중. 빌라 옥상에 올라가서 보면 교회가 참 많이 보인다. 불 밝힌 십자가가 한둘이 아니다. 여기도 십자가. 저기도 십자가. 둘러보면 둘러보는 대로 생겨나는 십자가. 사방에서 속죄할 것이 많은가 보다. 하나님의 은총이 많은가 보다. 아니다. 그냥 교회가 많을 뿐이다. 불 밝힌 십자가가 많이 보일 뿐이다. 그러니 더 생각하지 말자. 판단하지도 말자. 그냥 있자고 생각하는데 그냥 서 있자니 담배 생각이 간절하다. 금연 삼 일째의 어느 밤이다.

*

어제는 비가 왔고 오늘은 눈이 내렸다. 오늘은 눈이 왔고 내일은 뭐가 올까? 이런 생각이나 하면서 하루를 보내고 이틀을 보내고 그렇게 십 년이 흐른다 한들 변하는 것은 날씨다. 변하지 않는 것이 있어 기다리는 사람이 있다. 누구를? 아니면 무엇을? 글쎄다. 아무것도 기다리지 않는데도 기다리는 사람처럼 기다리는 하루가 있고 이틀이 있고 또 무엇이 있어 어제는 비가 왔고 오늘은 눈이 내렸고 내일은 아직 오지 않았다. 내일을 기다리고 있다. 지붕 위의 날씨가 서서히 변해간다. 시시각각 변해간다고 해도 이상하지 않다. 변하는 것은 변하는 것이다. 어제도 다르고 오늘도 다르고 방금 전에도 다른 그 소리를 듣고 있자니 고요할 틈이 없다. 기분이 또 변하고 있다. 더 내려가는 일밖에.

구름을 본다

구름을 본다. 어제도 떠 있던 구름. 오늘도 떠 있는 구름과 다른 것이지만 구름이다. 구름이 떠 있다. 구름들이 떠 있다고 하나 구름이 떠 있다고 하나 거기서 거기인 차이. 구름은 단수가 아니므로. 단수가 될 수 없으므로, 적어도 되기 힘들므로, 구름은 복수도 되기 힘들다. 구름은 구름이다. 구름들이면서 구름이다. 구름 한 점은 이미 한 점이 아니다. 두 점도 아니고 세 점도 당연히 아니다. 구름은 구름들이다. 구름에게 단수는 이미 복수다. 복수는 이미 단수고 기껏해야 덩어리다. 덩어리의 경계가 명확하면 덩어리 하나 덩어리 둘 헤아리듯이 헤아릴 수도 있겠지만 덩어리의 경계가 그렇게 명확한 경우가 얼마나 될까? 엄밀히 따지면 구름은 다 연결되어 있는 것이 아닐까? 덩어리와 덩어리 사이 극도로 희박하게 분포한 구름의 입자를 두고서 우리는 텅 빈 하늘이라고 부르는 것이 아닐까? 구름 한 점 없이 푸른 하늘이라고 부르는 것도 구름의 입자가 극도로 희박하게 흩어져 있는 것을 편의상 생략한 표현이 아닐까? 이건 물음이지만 물어볼 것도 없이 사실이 아닐까? 우리 눈에 없는 것처럼 보이니 생략해도 무방한 구름의 있음. 구름의 희박한 있음. 구름의 희박한 분포를 희박하면 희박할수록 맑고 높은 하늘이라고 칭송하는 태도까지 따지고 싶은 생각은 없다. 그렇게까지 따지고 드는 태도를 오히려 거부하고 싶으면서도 따지고 드는 것. 저 하늘에서 구름이 없는 곳이 과연 있을까?

*

저기 저 하늘에서 구름이 없는 곳은 없다. 구름이 없는 곳은 완벽하게 구름이 없는 곳이어야 하는데, 그런 하늘은 없다. 그런 장소도 없다. 어디에도 없는 구름은 없다. 어디에나 있는 구름이 오늘은 무진장 많아 보이고 어제는 도무지 없는 것처럼 보였을 뿐이다. 내일은 쳐다보지 않고서도 구름이 있다고 말하는 저 하늘의 어딘가에서 구름은 구름으로 모습을 바꿔 간다. 구름은 구름으로 색을 갈아입고 형태를 갈아입고 분위기도 바꿔 입으면서 내일의 구름을 향해 간다. 내일의 구름으로 전진해간다. 구름은 후퇴하는 법을 모른다. 오로지 구름에서 구름으로 전진한다. 전진하면서 성장하고 전진하면서 쇠퇴하고 전진하면서 소멸하기도 하지만, 구름이 후퇴하는 시간은 없다. 역행하는 시간이 없는 것과 마찬가지로 구름은 순행하면서 바람에도 지형에도 해수면에도 심지어 지구의 공전과 자전에도 순행하면서 전진한다. 전진하는 시간을 전진하는 것. 순행하는 시간을 순행하는 것. 그것이 구름이라면 구름은 장소이면서 또한 시간이다. 앞으로만 가는 시간. 도무지 뒤를 모르는 시간. 뒤에 있는 것은, 아니 뒤를 향하는 것은 기껏해야 인간의 기억이거나 기록. 역사이거나 상상. 역사가 상상이라면 현재는 환상이다. 매 순간 지나치는 현재를 환상이 아니면 붙잡아둘 방도가 없다. 환상이 아니면 무슨 수로 현재를 눌러 앉힐 수 있을까. 현재는 달아나면서 겨우 환상이라는 위안거리를 남겨둔다.

*

구름을 얘기하자니 창이 가두고 있다. 창밖을 얘기하자니 구름이 가만있질 못한다. 정지한 하늘을 보자니 내가 할 일이 생각났다. 오늘까지 처리해야 할 일이 문득 생각나서 창을 닫고 컴퓨터 창을 연다. 창을 열고 보니 배경 화면이 몇 년째 그대로다. 저 넓은 벌판에서 허수아비 하나 튀어나오지 않고 그대로 있다. 처음부터 있었던 것처럼 안 보이는 새도 끝까지 나타나지 않고 거기 그대로 있을 것이다. 지겹게도 같은 화면을 보고 있다. 지겹게도 같은 얼굴이 비치는 것 같지만, 그 또한 몇 년 사이에 많이 변했을 것이다. 변하지 않았다면 갑자기 창문을 열고 하늘을 보고 구름을 보면서 창밖에 갇힌 풍경을 이렇게 표현하지는 않았을 것이다. 갇힌 풍경을 얘기하자니 빠져나가는 것이 너무 많다. 구름은 좀 전의 구름이 아니다. 벌써 움직이고 없다.

이 조용함이 얼마나 지속될까?

일요일 아침. 창문을 열고 창밖을 본다. 하늘은 맑다. 구름이 없다. 조금만 집중해도 들리는 소리가 있다. 조금만 관심을 두어도 들리는 소리. 새소리가 들린다. 창밖으로 들린다. 아주 가까이서 들리는 소리도 있고 조금 멀리서 들리는 소리도 있고 참새 소리도 까치가 우는 소리도 또 무슨 새가 지저귀는 소리도 있다. 가만히 듣고 있자니 아직은 춥다. 아직은 겨울이다. 아직은 2월이고 일요일. 그리고 아침.

창밖으로 참새 몇 마리 공중으로 솟구쳤다가 사라진다. 창은 크지만 무한정하지 않다. 창밖은 넓지만 창 안에 다 담기지 않는다. 참새 몇 마리 공중으로 솟구치는 장면도 일시적이다. 잠깐이다. 한순간이고 곧 지나간다. 저 멀리 건너편 건물 회벽에 아침 햇살이 머무는 것을 잠깐 본다. 아침 햇살이 잠깐 머무는 것을 잠깐 보는데도 눈이 부시다. 빛은 반사되어도 눈이 부시다. 빛은 머물러 있어도 눈이 부시다. 빛은 스치기만 해도 눈이 부시다. 빛은 눈이 부시라고 있는 것이다.

창을 닫는다. 눈이 부셔서 닫는다. 아직은 추워서도 닫는다. 창은 열고 닫으라고 있는 것이다. 새삼스레 사물의 용도나 생각하라고 오늘 아침이 있는 것은 아닐 텐데, 잠깐 눈이 부신 빛에 잠깐 생각이 머물렀다가 또 지나간다. 지나가듯이 머물러 있다. 한 생각. 한 가지 생각. 단 하나의 생각도 집중되지 않고 지나간다. 지나가듯이 또 생각난다.

    모든 순간이 아무렇지 않게 지나가면 좋겠다고 쓴 적이 있다. 모든 만남이, 모든 이별이 아무렇지 않게 지나가면 좋겠다고 써도 나쁘지 않았겠다고 다시 쓴다. 다시 써도 지나가는 것은 지나가는 것이다. 한순간도 머물지를 않는다. 한순간도 머물지를 않는데 머무는 것처럼 오래 붙들고 있는 것이 어느 순간의 만남이고 이별이고 또 어떤 순간이 있어서 우리는 기억하는가. 참 너저분하게 기억한다. 참 깔끔하지 못하게 순간을 붙들고 있다. 그만 놔줘도 되는 순간을 계속 불러내면서 곱씹고 있다. 좋은 순간이든 나쁜 순간이든 떠오르는 순간은 다시 떠올라서 기억이다.

    창을 열고 다시 본다. 창밖은 맑다. 오랜만에 맑다. 오랜만에 하늘을 본다. 구름 한 점 없이 새소리만 끼어드는 하늘을 본다. 계속 보고 있으면 계속 보이고 계속 듣고 있으면 계속 들린다. 아무렇지 않게 들린다. 아무렇지 않게 새 두 마리 창밖으로 솟구쳤다가 다시 사라진다. 가을에는 잠자리 떼가 보였다. 몇 마리 보였다. 지금은 늦겨울의 어느 아침. 일요일답게 아침도 조용하고 거리도 조용할 것이다.

    이 조용함이 얼마나 지속될 것인가 생각하지 않는다. 지속은 정지를 부르고 정지는 순간을 부르고 순간은 어떤 말에나 깃들어 있다. 그 순간을 박제하려고 어떤 말이나 하는 연습. 어떤 말이라도 불러내는 연습. 어떤 말이라도 불러내서 순간을 앉히듯이 생각을 앉히고 기억을 앉히고 상상도 더는 요동치지 않을 것처럼 앉혀놓은 자리에 다시 말이 있다는 말. 그 말이 선언처럼 들린다면 들어야겠지. 그 말이 선언처럼 크다면 크게 들어야겠지. 그 말이 선언처럼 지나가는 것이라면 지나가도록 길을 비켜 주는 연습. 연습하지 않아도 지나갈 것은 지나가고 비껴갈 것은 비껴가는데, 내 말은 지금도 박제하기에 바쁘다. 박제가 되었는가? 내 말은 지금도 뿌리치기에 바쁘다. 다 뿌리쳤는가? 내 말은 놓치기에도 바쁘다. 내 말은 이제 그만두기에도 벅차다.

숨이 차오르기 전에 하늘을 본다. 모처럼 구름 한 점 없이 맑다. 아주 깨끗하다. 저 순간이 또 언제 올까? 지금이다. 지금이 아니면 또 지금이라고밖에.

엄청나게 비가 쏟아진다, 마지막이에요

문득 이 두 문장이 생각났다. 엄청나게 비가 쏟아지는 것은 지금이다. 2023년 7월 11일 오전 10시 18분을 지나고 있는 지금이다. 폭우와 폭염이 동시에 찾아올 거라는 올여름의 기상 예보가 맞다는 것을 증명이라도 하듯이, 어제는 땡볕이고 오늘은 폭우다. 장맛비와는 차원이 다른 비가 열대성 폭우처럼 쏟아지고 있다. 쏟아붓듯이 지붕을 때리는 비. 창문을 때리는 비. 그리고 바닥을 때리는 비가 바깥에서 열심히 쏟아지고 있다. 나는 소리만 듣고 있다. 바깥으로 나갈 엄두를 못 내고 있다. 오후에는 운동 때문에 외출해야 하는 일정이 기다리고 있다. 무슨 운동인지 말하자니 길어질 것 같아서 폭우 소리만 듣는다. 무시무시하게 내리는 빗소리를 듣는다. 다 떠내려갈 것처럼, 다 떠내려 보낼 것처럼 쏟아지는 비를 소리로 듣는다. 소리만 들어도 비는 굉장하다. 소리만 있어도 귀가 다 시원해지는 것 같다. 귀지까지 다 씻겨 내릴 듯이 퍼붓는 비의 소리가 한편으로 반갑고 한편으로 무섭고 한편으로 귀찮다. 나열하자면 더 많은 감정이 동원될 수도 있겠지만 이 또한 길어질 것 같으니 관두자. 관두고 듣는다. 비의 소리를, 폭우가 내는 소리를, 폭우가 쏟아지면서 부딪는 소리를.

무엇이든 부딪쳐서 부딪히는 소리를 내는 저 소리를, 가만히 듣고 있자니 가만히 시간만 보내는 것 같지만, 나는 일을 하고 있다. 비의 소리를 쓰고 있고 쓰면서 듣고 있고 들으면서 계속 생각하는 일을 한다. 그사이 10분 이상의 시간이 흘렀다. 10시 29분. 그리고 10시 30분. 10시 31분. 아직 오지 않은 시간까지도 생각하면서 시간을 보낸다. 가만히 있어도 노트북의 시계는 10시 31분을 찍을 것이고 10시 32분을 찍을 것이고 그것만 보다가 하루를 보낼 수는 없다. 시간이 아까워서가 아니라 가만히 앉아서 시간을 지켜보는 데도 인내가 필요하고 인내에는 한계가 따르기 때문이다. 나는 그리 오래 앉아 있을 수 없다. 허리가 아파서일 수도 있고 지겹거나 심심해서일 수도 있다. 벌써 10시 33분이다. 이제부터 무슨 생각을 할까? 무슨 생각을 하고 무슨 말을 남길까? 무엇이라도 써야 한다는 생각 때문에 글을 쓴다. 메모라도 남긴다. 마지막이 될 것처럼 남긴다. 언제가 마지막이 될지 알지 못하게 남긴다. 무엇이라도 남긴다. 비가 쏟아지다가 더 쏟아지고 있다. 더 거세게 더 시끄럽게 더 요란하게 더 정신없이 퍼붓고 있다. 더 더 더 내리고 있다. 마지막에는 무슨 소리가 남을지 잘 알면서도 빗소리를 듣는다. 잘 알면서도 다시 생각한다. 거세게 내리는 비가 마지막에 남기는 소리를. 그 소리가 어떤 소리였을까? 기억을 더듬어보자니 생각이 안 나서 다시 듣는다. 비가 그칠 때까지 듣는다. 벌써 10시 37분이다. 조금 있으면 정오다. 조금 있으면 오후다. 운동하러 가야 하는데, 집에서 제법 먼 거리를 움직여야 한다. 빗속을 헤치고 가야 한다. 가야 한다면 비를 맞고 가야 한다. 저 폭우를 뚫고 실내 수영장이 딸린 스포츠센터로 가야 한다. 수영을 배우러 가는 것은 아니다. 말하자니 길다. 말하자니 길어서 그냥 운동하러 간다. 오후에는 가야 하는데 비가 너무 오는 것 같다. 아직 마지막은 아니다. 마지막 빗소리는 이전에도 그 이전에도 계속해서 들었다. 다만 기억을 못 할 뿐이다. 과연 들어본 적이나 있었을까?

누가 말하고 누구에게 말하는가, 사이에 빠진 말들

누가 말하는가?

시에서 누가 말하는가? 이 질문의 답은 어렵게 구하려면 한도 끝도 없이 어려워진다. 그러니 쉽게 가자. 소박하게 말하자. 시는 '나'가 말하는 것이다. 다른 누구도 아닌 '나'가 말하는 것이다. '나'를 일컬어 화자로 부르든 주체로 부르든 다른 무엇으로 부르든 상관없이 시에서 말하는 이는 결국 나이다. 나무가 되어서 말하든 돌이 되어서 말하든 바람이 되어서 말하든 그러한 사물이 되어서라도 말하고자 하는 이는 궁극적으로 나이다. 내가 말해야 한다. 내가 말할 수밖에 없다. 물론 이때의 나는 이제까지의 기억이 녹아 있는 나이며, 이제까지의 타자가 녹아 있는 나라는 사실도 포함한 나이다. 시인과 불가분의 관계에 놓이는 나라는 사실도 당연히 포함해서 나이다.

어떤 상태에서 말하는가?

시에서 화자는 아무 상황에서나 말하지 않는다. 아무 심리에서나 말하지도 않는다. 어떤 상황에서 어떤 심리로 시는 말해진다. 그러한 상황과 그러한 심리, 즉 특정한 외면 상태와 내면 상태가 동반될 때 시는 비로소 말해진다. 특정한 상태는 특정한 조건에 놓인다는 말과 같다. 그러니까 시는 화자가 특정한 외면적 조건과 내면적 조건에 놓일 때 비로소 말이 되어 나온다. 따라서 시로 말해지기 위해서라도 화자는 특정한 조건에 놓이는 순간을 만들어야 한다. 혹은 기다려야 한다. 기다리면서 만들어야 한다. 만들면서 기다려야 한다.

그렇다면 시에서의 화자는 특정한 정서와 기질이 나타날 수 있는 특정한 외적 조건과 결합되면서 등장한다고 할 수 있다. 화자는 기질 자체이면서 정서 자체이며, 그것은 언제나 발현되는 순간을 기다리는 무엇이다. 기다리는 목소리가 시 이전의 목소리이자 시가 되기 위한 목소리이며, 기다림 끝에 무언가를 만나는 동시에 헤어지면서 내는 목소리가 시의 목소리이다.

무엇을 말하는가?

시에서의 대상은, 달리 말해 시적 화자의 내면을 받아주는 대상이다. 누군가의 고유한 기질이 특정한 순간의 외적 조건과 맞물려서 나타나는 정서가 투영된 대상이다. 화자의 기질과 정서에 따라 선택되는 대상, 사물이면서 이미지이면서 언어이기도 한 그 대상은 무궁무진한 것 같지만 한정돼 있다. 일정한 성격을 공유하는 것으로 묶여 있다. 그러한 성격을 내장한 사물은 일반적인 성격으로 환원되는 사물이 아니다. 누군가의 시에 들어온 사물은 바로 누군가의 사물이다. 나의 시에 들어온 책상은 나의 책상이다. 나의 이미지와 이야기를 위해 동원되고 변형되는 책상이다. 그러니 똑같이 책상을 말하더라도 어떤 화자가 어떤 기질과 정서로 말하는가에 따라 그 책상은 전혀 다른 책상이 된다. 그러므로 화자=기질=정서=대상은 거의 한 세트로 움직이는 무엇이다.

어떻게 말하는가?

시에서 화자=기질=정서=대상이 한 세트로 맞물려서 말해질 때, 그렇게 말해지는 방식 역시 화자의 기질과 정서에 철저히 묶여 있고, 화자의 기질과 정서가 투영된 대상에도 일정 부분 엮인 채로 생성된다. 현대시에서 중요하게 여기는 지점, '어떻게 말하는가'는 사실상 '무엇을 대상으로 말하는가'와 맞물려 있고, 보다 궁극적으로는 '누가 어떤 상태에서 말하는가'에 종속된 문제이기도 하다. 어떻게 말하는가 이전에 무엇을 말하는가가 있고 그 이전에 누가 말하는가가 있다. 그렇다면, 화자=기질=정서=대상=화법 역시 한 세트로 묶어서 다시 볼 수 있다.

누구에게 말하는가?

특정한 화자가 특정한 조건에서 특정한 사물을 특정한 방식으로 말할 때, 그 말을 듣는 사람 역시 모든 사람이 될 수 없다. 특정한 누군가의 시는 특정한 누군가의 귀를 전제로 말한다. 아무나를 전제로 말해지지 않는 목소리. 그것이 시라면, 시는 자기 말을 들어줄 법한 누군가를 전제로 해서, 혹은 자기 말을 누군가가 들어줄 것을 전제로 해서 행해지는 말이다. 화자와 기질적으로, 정서적으로 통하는('똑같은'이 아니다) 것을 전제로 행해지는 말이 시이다. 그렇다면 화자=기질=정서=대상=화법=청자 모두 한 세트로 묶여서 발화되는 현장이 또한 시의 현장이다.

새로운 시이자 유일무이한 시

새로운 시는 새로운 화법의 탄생으로만 말해지기 쉬운데, 실은 그 이전에 새로운 화자이자 기질이자 정서이자 대상이자 청자의 탄생이 맞물린 문제이기도 하다. 새로운 시의 탄생은 새로운 캐릭터를 지닌 화자의 탄생과 결정적으로 맞물려 있다. 그런데 새로운 캐릭터는 새로운 목소리이고, 새로운 목소리는 새로운 기질/정서와 잇닿아 있으며, 새로운 기질/정서는 내가 나로 말해지는 순간, 혹은 내가 나답게 말해지는 순간부터 자연 발생하는 무엇이다. 왜냐하면 나의 개성, 즉 나의 유일무이함은 유일무이한 나를 전제로 하는데, 나는 이미 유일무이한 존재 아니었던가. 나와 닮은 사람도 나와 통하는 사람도 있을 수는 있지만, 많을 수도 있지만, 나와 같은 사람은 이 세상에 없다. 아무리 변주하고 변조하더라도 시는 결국 한 사람의 목소리로 모인다. 유일한 사람의 목소리로 모인다. 아니 뛰쳐나간다.

남기는 말
시를 쓰기 전에, 꿈틀거리는 노트가 있었다

어느 글에선가, 시는 나를 쓰는 과정에서 나온다고 쓴 적이 있다. 시는 시를 쓰는 과정에서 나온다고 해야 마땅한 것을 왜 굳이 나를 쓰는 과정에서 나온다고 했을까? 인공지능 같은 온갖 예외적인 변수를 제외하면, 아니 어쩌면 그런 것을 다 포함하고서도, 시를 쓰는 것은 결국 나이다. 시는 다른 누군가가(혹은 무언가가) 대신 써줄 수 있는 글이 아니다. 다른 누군가가 개입해서 방향을 잡아주거나 마무리를 해줄 수 있는 글도 아니다. 다른 누군가의 강요에 못 이겨 쓰는 글도 당연히 아니다. 누구도 나보고 시를 쓰라고 강요하지 않는다. 너 시 좀 써볼래? 기껏해야 이 정도 권유가 오갈 수 있는 장소에서, 들어도 그만 안 들어도 아무 문제가 안 되는 곳에서, 누군가는 시를 쓰고 누군가는 쓰지 않는다. 누군가는 시를 읽고 누군가는 읽지 않는다. 시는 일차적으로 나 좋으라고 쓰는 글이며, 나 좋으라고 읽는 글이다. 쓰는 것 자체가 고통이고 읽는 것도 때에 따라서는 고통스럽기 짝이 없는데, 누군가는 그마저도 좋다고 쓴다. 그마저도 좋아서 읽는 것이 시라면, 시는 자진해서 고통을 즐기는 자의 장르라고 해도 틀린 말이 아니겠다.

　시는 결국 내가 쓰는 것이다. 더 엄밀히 말하면, 나라는 온갖 이질적인 것들이 뒤섞인 존재가 쓰는 글이다. 나라는 정체는 단일한 무언가로 규명되지도 고정되지도 않는다. '나'라는 나라 자체가 다민족이고, 다문화이고, 다물질이며, 다정신으로 이뤄진 집합체다. 말 그대로 '다정체多正體'가 나의 정체다. 나의 다정체는 한시도 쉬지 않고 움직인다. 한시도 쉬지 않고 또 다른 무언가가 들어와서 뒤섞이는 장소다. 이런 곳을 두고 나라고 한다면, 나는 영원히 알 수 없는 미지의 장소이자 공간이라고 해야 옳다. 이런 내가 시를 쓰다니, 이런 내가 시를 쓰려고 덤벼들다니! 시 역시도 따지고 들면 온갖 이물질의 집합소이자 전시장인데, 매번 이물질에 이물질을 더해가는 난장판인데, 그래서 시 역시도 어느 하나로 정의될 수 없는 무엇인데, 거기에 나라는 정체불명의 무언가가, 아니 이름 붙이기도 곤란한 다정체로서의 무언가가 달려들어서 또 시를 쓰겠다고 나서고 있는 형국. 그게 내가 시를 쓴다는 행위의 진상이라는 게 믿기지 않지만, 일단은 수긍하고 본다. 그리고 질문한다.

　그렇다면 나는 무엇이고 시는 무엇인가? 나라는 무언가가 무엇이길래 시라는 무언가를 붙잡고 쓰려는 것일까? 둘 다 한마디로 규정하기 곤란한 것이라서, 쓰는 자는 여전히 막막하다. 계속해서 막막하고 괴로울 것이다. 읽는 자도 막막하고 괴롭기는 마찬가지라서, 여전히 해소되지 않는 질문을 품은 채 읽는 행위를 반복한다. 쓰는 행위도 마찬가지. 계속해서 모르겠는데, 계속해서 쓴다. 모르는 채로 쓴다. 괴로운 채로도 쓰고 외로운 채로도 쓴다. 감정이 북받쳐서도 쓰고 감정이 완전히 소거된 것처럼 보일 때도 쓴다. 여전히 쓰라고 시가 있다. 그럼에도 쓰라고 시가 있다는 사실을 아무도 주입하지 않았는데, 그럼에도 자진해서 수긍하는 이들이 있다. 자진해서 달려들고 자진해서 매달리는 이들이 있다. 그들이 시인이다. 그들이 시인인가? 아니라고 부정하더라도 부정하는 채로 무언가를 쓰는 이가 있다면, 그 무언가를 자신으로 두고서 쓰는 이가 있다면 그 역시 시인이다.

    시는 어찌해도 나를 떠날 수 없는 장르다. 나를 떠나는 순간 끝나는 장르다. 언젠가 나를 떠날 것을 전제로 시작하는 장르가 시라고 해도 좋겠다. 나를 떠날 때까지, 심지어 나를 떠난 이후에도 계속해서 나를 전제로 지껄이는 장르가 시라고 한다면, 시는 나조차도 어찌할 수 없는 나의 장르다. 나조차도 어찌할 수 없으니 가장 자유분방한 글쓰기라고 해도 이상할 것이 없다. 시를 두고서, 어느 지면에선가 '세상에서 가장 자유롭게 써나가는 자기소개서'라고 소개했던 말도 비슷한 맥락에서 튀어나온 말일 게다. 여기서 자유롭다는 말은 잘 모르겠다는 말과 같다. 어찌해도 잘 모르겠기에, 나에 대해서도 시에 대해서도 잘 모르겠기에, 잘 모르는 채로 튀어나오거나 쏟아지는 말을 자유로운 부산물처럼 거느릴 수밖에 없는 장르. 그렇다면 시는 '아무말 대잔치' 이상도 이하도 아니겠지만, 시는 까다롭다. 무진장 까탈스럽다. 아무말 대잔치 안에서도 어떤 말을 기어이 고르고 골라낸다. 아무 말이나 허용한다고 해놓고선 어떤 말만 편애하면서 받아들이는 곳. 어떤 말만 유독 싫어하면서도 좋아하는 감정을 감추지 못하는 곳. 애증으로 범벅된 감정이 투영되고 투영되면서 아무 말은 어떤 말이 되어간다. 아무 말의 대잔치는 어떤 말의 외로운 장소로 변해간다. 그 장소가 좋아서 매번 다시 찾아가려는 이가 시인 아니면 독자일 것이다. 독자라고 하지만 예사 독자가 아닌 독자, 단순히 시를 애호하는 수준을 넘어 준(準)시인으로서의 독자가 있을 것이다. 그들이 좋아서 또 시를 쓰는 이가 있을 것이다.

    시인과 독자는 외로운 장소에서 가까스로 만나고 또 헤어진다. 언제 다시 만나게 될지 모르겠으나, 만남만큼은 강렬하게 남기를 바라는 장소에서 오늘은 어떤 시가 기다리고 있을까? 쓰는 입장에서도 읽는 입장에서도 모르기는 마찬가지다. 모르니까 쓰고 모르니까 읽고 모르니까 마냥 기다리는 것이다. 시는 처음부터 끝까지 기다리는 일이 대부분인 장소다. 기다리다가 그냥 갈 때도 있지만, 기다리다 보면 누군가가 온다. 무언가가 오기는 온다. 그 순간이 좋아서 일생을 바치는 사람이 시인 아닐까. 시인이 되고 싶은 사람 아닐까. 시인이 되려고 기다리고 또 기다리는 사람 아닐까.

    기다리는 일은 힘들다. 지루하고 답답하고 막막한 심경이 따라붙을 수밖에 없는 기다림의 장소에서, 누군가는 심심해서라도 다른 무언가를 쓴다. 다른 무언가를 보고 다른 무언가를 떠올리며 다른 무언가에 대한 생각을 이어간다. 다른 무언가는 시가 아닌 무언가이면서 시가 될지도 모를, 당장 시가 아니 되더라도 장차 시가 될지도 모를 희미한 가능성을 붙잡고 늘어지는 무엇이다. 누군가는 심심해서라도 이런 생각을 하고 또 글을 쓴다. 누군가는 답답해서라도 막막해서라도 또 쓴다. 그러한 글을 뭐라고 이름 붙일까? 시작노트라고 부를까? 사유노트라고 부를까? 아니면 그냥 프리노트라고 부를까? 좀 더 엄숙하게 시론이라고 부를 수도 있겠으나, 명칭이 뭐 그리

중요하겠는가. 뭐라고 부르든 시와 관련해서, 시에 빌붙어서, 시 쓰기를 돕는답시고 계속 써나가는 글이 있다. 우리가 통상 알고 있는 시를 뒤집어엎기 위해서 쓰는 글도 있을 것이다. 우리가 익히 들어온 시의 정의를 뒤집거나 뒤흔들거나 하는 글도 결국엔 시와 연결된 글이다. 시 때문에 있는 글이다. 그런 글을 뭐라고 이름 붙이든 상관없이 시가 있는 곳에는 늘, 항상, 변함없이 꿈틀거리는 방식의 글쓰기가 있어 왔다. 쓰기 자체가 꿈틀거림인 글.

이 책에 붙어 있는 많은 글이 그와 같은 쓰기의 산물이다. 시가 있어서 같이 생겨나는 글쓰기. 아니다. 이런 꿈틀거림과도 같은 글쓰기가 있어서 시가 생겨날 수 있었다고 고쳐서 말하고 싶다. 시가 없었다면 같이 없었을 글이지만, 시가 있기 위해서도 같이 있어야 하고, 먼저 있어야 하고, 나중에도 있어야 하는 글쓰기를 모아서 '사유노트'라는 말을 붙였다. 사유노트라고 하지만, 창작 강의를 위한 노트도 들어가 있고, 시와 생활을 연결해서 쓴 글도 일부 들어가 있다. 나머지는 모두 시작의 방향성을 잡아가거나 시의 든든한 거름으로 삼기 위해서 쓴 글이다. 생각에 생각을 얹어가며 쓴 글이다. 부의 순서와 상관없이 아무렇게나 펼쳐서 눈이 가는 대로, 마음 가는 대로 읽어주었으면 하는 바람을 마지막에 붙인다.

2025년 5월

김언

사유노트
마음에게 물었으나 시가 대신 얘기해준 것들

1판 1쇄 펴냄 2025년 5월 22일

지은이 김언
펴낸이 손문경
펴낸곳 아침달

편집 정채영, 서윤후, 이기리
디자인 김정현, 정유경, 한유미

출판등록 제2013-000289호
주소 04029 서울시 마포구 양화로7길 83, 5층
전화 02-3446-5238 팩스 02-3446-5208
전자우편 achimdalbooks@gmail.com

ⓒ 김언, 2025
ISBN 979-11-94324-47-8 03810

이 도서의 판권은 지은이와 출판사 아침달에게 있습니다.
양측의 서면 동의 없이 책 내용의 전부 혹은 일부의 재사용을 금합니다.

* 책값은 뒤표지에 있습니다.